ALFONSO JIMÉNEZ

La segunda carrera

Todo lo que un directivo puede hacer tras finalizar su etapa ejecutiva

Una guía para planificar el día después y disfrutar
de una fructífera prolongación de la vida profesional.
Consejero, *senior advisor, interim manager* y otras
posibilidades muy satisfactorias para aportar
valor, sabiduría, prestigio y experiencia.

ℚ

ALMUZARA

Editorial Almuzara • Economía y Empresa
Director editorial: Antonio Cuesta
Editora: Ángeles López
Corrección: Nemo edición y comunicación S.L.
Maquetación: Joaquín Treviño

www.editorialalmuzara.com
pedidos@almuzaralibros.com - info@almuzaralibros.com

Editorial Almuzara
Parque Logístico de Córdoba. Ctra. Palma del Río, km 4
C/8, Nave L2, nº 3. 14005 - Córdoba

Imprime: Gráficas La Paz
ISBN: 978-84-10521-33-9
Depósito legal: CO-255-2024
Hecho e impreso en España - *Made and printed in Spain*

A mi familia, que siempre está ahí.

*A mis compañeros de Exec Avenue, que me ofrecisteis
una «segunda carrera» en la que estoy disfrutando
y sintiendo el impacto positivo a mi alrededor.*

*A los maestros que tuve en el camino, a todos aquellos de los
que aprendí y que hoy muchos están presentes en mi recuerdo.*

*A todos los profesionales que creísteis en mí y me seguisteis
en los diferentes proyectos de mi vida profesional; con
vuestro talento y compromiso, logramos grandes cosas.*

*A todos los clientes que, durante treinta y seis años, habéis
confiado en mí y con los que he compartido proyectos y amistad.*

*A todos los que, de una manera u otra,
me habéis ayudado y habéis confiado en mí.*

*A todos los que, con vuestras experiencias y conversaciones,
me habéis permitido construir un conjunto de conocimientos
y experiencias que constituyen mis principales activos.*

Alfonso Jiménez

ÍNDICE

PRÓLOGO DE RAMÓN ADELL

Catedrático de Economía de la Empresa
y vicepresidente de CEDE

Muchos científicos afirman que los niños que hoy nacen vivirán un promedio de cien años y que la expectativa de vida aumentará progresivamente sin límite conocido. Vivimos más años, con más calidad, y la muerte tiende a aparecer casi como una enfermedad crónica. Esta buena noticia no impide que el viaje de la vida siga pareciéndonos breve, demasiado corto para no disfrutar apasionadamente con lo que el día a día nos ofrece.

El gran reto para el directivo es cómo seguir haciéndolo cuando llega el final de su etapa activa. En el acelerado mundo de la empresa, la carrera de un directivo suele estar definida por años de dedicación, liderazgo y toma de decisiones. Sin embargo, ¿qué sucede cuando llega el momento de despedirse de la cúspide ejecutiva? El teléfono deja de sonar, los correos electrónicos desaparecen, los numerosos contactos profesionales quedan inmediatamente reducidos a los amigos de verdad y aquella agenda sin huecos se transforma en una hoja en blanco. La adrenalina de la sobreocupación se seca en pocos días. Y, sin embargo, aquel directivo de éxito sigue sintiéndose igual, mejor si cabe que hace unos años, con más experiencia, con más capacidad para afrontar con temple las tormentas de un mundo cada vez más incierto.

En definitiva, todos somos trocitos de lo vivido. Al pasar los años, el gran bagaje de la existencia, lo que aporta calidad a nuestra personalidad, es el poso de nuestras experiencias vitales. Especialmente en el ámbito directivo, la experiencia acumulada durante décadas se revela como un activo incalculable, capaz de transformarse en una fuente inagotable de aprendizaje y mentoría. La riqueza de conocimientos y habilidades adquiridos a lo largo de una carrera exitosa no se desvanece de la noche a la mañana. El tiempo, ese maestro implacable, deja tras de sí una estela de experiencias que se convierten en la esencia misma de la sabiduría. La travesía de un directivo, marcada por años de toma de decisiones cruciales, enfrentamientos con desafíos inesperados y la gestión de equipos diversos, deja una impronta indeleble que va más allá de los títulos y los logros en un currículum. Las decisiones ejecutivas que haya tomado no son solo elecciones en un tablero de ajedrez corporativo. Cada elección ha llevado consigo el peso de la responsabilidad y la visión de largo plazo. En consecuencia, la experiencia acumulada brinda a los directivos una perspectiva única, permitiéndoles anticipar las consecuencias de sus decisiones y proporcionar un marco reflexivo para las generaciones venideras. Todo esto es lo que piensa cualquier directivo de sí mismo al finalizar su periodo ejecutivo. A menudo, siente una doble necesidad. De una parte, la de seguir siendo útil, tratando de que los recuerdos no venzan a las ilusiones. De otra, la de dejar huella. Más tarde o más temprano, la voluntad de ser trascendentes y de ser recordados aparece en nuestro consciente y acaba siendo lo verdaderamente importante para dar sentido a nuestra vida. Compartir es vivir más.

Al final, la segunda carrera se trata de algo mucho más importante que simplemente mantenerse ocupado; es la oportunidad de dejar una huella duradera en el mundo empresarial y en el futuro de muchos jóvenes. En la actualidad, se habla mucho de propósito y demasiado poco de legado, cuando la responsabilidad social de la empresa tiene mucho que ver con su capacidad para ser sostenible en el tiempo. En un mundo cada vez más interconectado, la diversidad de pensamiento resultante de la colaboración intergeneracional se convierte en un factor clave para la competitividad. Las empresas que reconocen y capitalizan la riqueza de conocimientos y perspectivas de todas las edades están mejor posicionadas para enfrentar los desafíos con soluciones innovadoras y estrategias audaces. Este acto de transferencia de conocimiento no solo enriquece a las empresas, sino que también fortalece el tejido mismo de la comunidad empresarial.

Y este destino no hace distinciones. Todos los directivos, tarde o temprano, nos enfrentaremos a este momento, con más dudas que certezas sobre cómo afrontarlo. A pesar de ello, sorprende ver que no existan hasta ahora trabajos solventes que lo aborden y ofrezcan un análisis de cómo superarlo. En esa realidad, el libro de Alfonso Jiménez será a partir de ahora una referencia obligada. Es innovador y aglutina de manera solvente el conocimiento acumulado en este tema, constituyendo una auténtica guía de vida para cualquier directivo. Es una brújula inspiradora que apunta y desarrolla un amplio catálogo de oportunidades para iniciar la segunda carrera del directivo, ya sea a través del emprendimiento, la consultoría, la educación o la filantropía. Nadie se sentirá indiferente después de leerlo, porque seguro que cualquier directivo encontrará la faceta en la que su personalidad mejor puede encajar en esa segunda etapa de su vida profesional, una etapa que puede estar repleta de descubrimientos y contribuciones significativas.

Además, el texto fluye dinámico, cercano, con la proximidad del amigo que nos aconseja para afrontar esa etapa decisiva de nuestra vida y la precisión que da el conocimiento profundo de la materia. Alfonso escribe con talento desde su experiencia acumulada en el mundo de la empresa y en el *headhunting* de altos directivos, con la solvencia que proporciona el «haber sido cocinero antes que fraile».

En resumen, el texto que sigue a continuación nos descubre cómo la segunda carrera de un directivo no solo enriquece nuestras vidas personales, sino que también impulsa un cambio positivo en la dinámica empresarial moderna. En cada página, encontraremos un motivo para seguir siendo felices aportando las experiencias, la sabiduría y la visión de aquellos cuya contribución no conoce límites temporales. La experiencia puede ser el faro que guía a través de los desafíos e ilumina un camino hacia nuevas y emocionantes oportunidades. Prepárense para una travesía en la que el pasado es solo el prólogo. La trama nunca termina, solo se reinventa… ¡Bienvenidos a un viaje transformador!

INTRODUCCIÓN

Este libro es una compilación de ideas fruto de la experiencia trabajando con cientos de directivos durante mi vida profesional, y tiene por objetivo ayudar a aquellos profesionales y ejecutivos que hoy lideran sus proyectos a planificar también su actividad el día que dejen de ejercer la función directiva. Ese día llegará y es mucho mejor estar preparado.

Muchas de las reflexiones han sido descritas en diversas colaboraciones publicadas en diversos medios en forma de artículos, la mayor parte de ellos en la serie «La segunda carrera del directivo» de la revista *Executive Excellence*.

Aunque hoy sea políticamente incorrecto utilizar el término «directivos», siempre me estaré refiriendo tanto a los hombres como a las mujeres que desarrollan una carrera ejecutiva. En este sentido, el uso del término deberá entenderse como masculino genérico de acuerdo con las recomendaciones de la RAE[1]. Igualmente, siento el número de anglicismos que tengo que utilizar dado el lenguaje dominante que impera en nuestra comunidad de negocios.

La obra está estructurada en diferentes partes. Primero, contiene un capítulo en el que trato de explicar el concepto

---

1   Informe de la Real Academia Española sobre el uso del lenguaje inclusivo y cuestiones conexas (2020).

de segunda carrera y su importancia. Después, en los siguientes diez capítulos de la obra, describo diversas fórmulas y actividades remuneradas que un directivo puede desarrollar el día que deje la función ejecutiva y considere que será complicado liderar otro proyecto por cuenta ajena. También, en otro capítulo, explico las actividades no remuneradas y que pueden jugar un papel muy importante en la siguiente etapa de la vida, cuando ya el mercado no les reconozca valor a sus activos intangibles. Finalmente, he incluido tres capítulos con aspectos transversales de la segunda carrera, como son las finanzas, la salud y la demografía, esta última conecta el concepto con la responsabilidad social individual y el compromiso con la sostenibilidad del estado de bienestar en nuestro continente y en nuestro país. Y finalmente, el lector encontrará un capítulo muy práctico sobre cómo y cuándo planificar su segunda carrera.

Este no es un libro académico, aunque su autor se reconoce como tal en un determinado porcentaje, éste es un libro tremendamente práctico que ha sido escrito con el propósito de ayudar a muchos a pensar y ojalá a decidir extender su vida profesional más allá de la función ejecutiva, pero también con el propósito de contribuir con la sostenibilidad de nuestros sistemas de protección y la creación de riqueza en nuestra comunidad.

Aunque es verdad que el incremento de la actividad es una prioridad para la Unión Europea por su impacto en el crecimiento económico, el bienestar social, la estabilidad social y la sostenibilidad financiera, lo cierto es que hoy estamos lejos de tener unas ratios saludables. Más del 50 % de la población española mayor de sesenta años ya no trabaja, cuando hablamos de la edad de jubilación y si la tenemos que incrementar, también deberíamos estar hablando de la edad de la inactividad, que es mucho más temprana.

Este libro, por tanto, tiene dos fines: uno personal, ayudar a las personas a decidir en un entorno de escasa información sobre alternativas; y otro social, ya que pretende contribuir sin tapujos al incremento de la actividad de los *seniors* a través de un nuevo concepto, una nueva etapa, la de la «segunda carrera».

Y cómo no, también tiene el objetivo de estimular a empresarios y directivos en activo sobre las diferentes opciones de incorporar talento senior para acelerar el crecimiento de los proyectos y mejorar su competitividad.

¿QUÉ ES ESO DE LA SEGUNDA CARRERA DEL DIRECTIVO?

La carrera profesional es un proceso evolutivo que tiene sus etapas. Primero hay una etapa en la que un joven se forma para desempeñar un trabajo que aporta valor a través de una actividad en el mercado. La primera etapa profesional es de «formación». En dicha etapa, que dura muchos años, su labor consiste en adquirir conocimientos genéricos algunos, especializados otros.

A esa etapa le sigue una muy importante, que son los primeros pasos de acceso al mercado laboral, «los primeros empleos». Hay entornos, no el nuestro, en el que los jóvenes entran en contacto con el mercado laboral de manera muy temprana, a través de programas de prácticas en la educación secundaria y, por supuesto, mientras se estudian grados de formación profesional o titulaciones superiores. Actualmente, el sistema educativo está tratando de incrementar las opciones de prácticas de muchas titulaciones, pero, en general, esta etapa está definida por los primeros empleos. En esta etapa de «primeros empleos» y «primeros jefes» se forman algunos valores que acompañarán al profesional en toda su carrera. Por esto, suelo aconsejar a los jóvenes hacer una decisión meditada de estas primeras experiencias.

Una vez pasada esta etapa iniciática de la carrera, viene una siguiente etapa de «desarrollo», en la que el profesional adquiere nuevos conocimientos, pero también diversas «experiencias». Vive fusiones, adquisiciones, reestructuraciones, cambios, implantaciones… En esta etapa es importante permanecer en proyectos empresariales que desarrollen sus capacidades y, sobre todo, que le desarrollen las «experiencias» profesionales.

En función de la capacidad de desarrollo, algunos profesionales podrán pasar a la siguiente etapa, por la que un profesional se convierte en un directivo. A partir de ese momento, será el profesional quien marque las cosas que otros harán. En la mayor parte de los casos, ese profesional no se formará para hacer este nuevo rol, la «función directiva» y su responsabilidad será la de hacer que otros hagan, contribuir a construir equipos de alto rendimiento, desarrollar a otros, desvincular a elementos tóxicos, y finalmente lograr resultados a través del desempeño de otros profesionales. En esta etapa tendrá que trabajar duro, ser un ejemplo como persona y profesional, colaborar o establecer la estrategia, tener capacidad de implantación, pero, sobre todo, tendrá que dedicar gran parte de su agenda a la gestión de las personas y los equipos. Y tendrá que seguir creciendo en la estructura directiva de su empresa o de otras, porque tendrá múltiples llamadas del sector del *executive search*, que lo tentarán periódicamente con propuestas de cambio, siendo estas llamadas una medida de su valor en el mercado.

Pero todo directivo tiene que saber que, por mucho éxito o poder que tenga, algún día dejará de serlo, bien por razones personales o, más frecuentemente, porque alguien considerará que otro profesional lo puede hacer mejor.

La mayoría de los directivos, y he conocido a miles durante mis treinta y cuatro años de carrera profesional como consultor de empresas, no piensan en qué van a hacer cuando llegue ese momento.

Si ese momento llega antes de los cincuenta años, le resultará fácil encontrar un nuevo proyecto empresarial, pero si eso le ocurre y tiene más de cincuenta años, es posible que ya no tenga opciones de que alguien le ofrezca un proyecto empresarial.

Y así, un día tarde o temprano, descubrirá que ha llegado ese día, el día en que ya no encontrará alguien que le ofrezca un proyecto, y cuando acontece el directivo descubre que muchas de las cosas que conformaban su experiencia vital desaparecen. Que muchas relaciones, beneficios, que cuando ejercía la función directiva no apreciaba o no les prestaba atención, simplemente, desaparecen porque no eran consustanciales a la persona, al profesional, sino al cargo que ostentaba como profesional o directivo.

Y en ese momento inicia un proceso, más o menos largo, de adaptarse a la nueva situación. La de ser un profesional que ha sido directivo, pero que ya no lo es.

Lo primero que debe aclarar es si se quiere retirar de la actividad o necesita o quiere seguir activo en el mercado. Hay profesionales que no necesitan seguir teniendo recursos financieros porque sus ingresos le han permitido acumular un patrimonio razonable, pero hay otros que sí necesitan seguir teniendo rentas derivadas de su actividad profesional.

Hasta hace unos años los planes de prejubilación de muchas compañías eran muy generosos y permitían que ese directivo pasara a la inactividad, muchas veces de manera muy temprana, incluso con menos de cincuenta y cinco años, pero los planes actuales de prejubilación ya no son lo que eran y muchos directivos llegan a la conclusión de que tienen que seguir activos, a veces durante muchos años hasta alcanzar la edad de jubilación y rescatar sus planes de pensiones individuales o corporativos.

Muchos profesionales que han sido directivos dejan la actividad porque su situación financiera se lo permite, pero suele haber un fuerte deterioro físico, cognitivo y social, descrito en muchos artículos de salud y bienestar, que demuestran que la actividad profesional es el mejor remedio para evitar ese proceso de deterioro. Es impresionante en qué poco tiempo este deterioro, que se manifiesta incluso en la imagen personal, puede hacerse visible. Hay profesionales que han llegado a ser grandes directivos, que han manejado grandes negocios, que han liderado grandes equipos, y que, tras dos años de inactividad, apenas se les reconoce.

En cualquier caso, tanto si es por necesidad de ingresos como si es por evitar el deterioro físico, cognitivo y social, si decide seguir activo, lo primero que tratará es de conseguir un nuevo proyecto como directivo, similar al que tenía anteriormente.

A veces ese proceso de búsqueda, mendigando una reunión con un *headhunter* o con un antiguo cliente o proveedor, suele durar mucho tiempo. Malgasta un tiempo muy valioso porque ya no le queda mucho tiempo de vida útil. Hasta que un día se convence de que nadie lo va a contratar por cuenta ajena. Es muy mayor para muchos proyectos. Y es que nuestro país sufre una importante lacra de «edadismo» que expulsa muy tempranamente a directivos y profesionales del mercado y les cierra las puertas. A partir de los cincuenta años es complicado ser contratado por cuenta ajena y a partir de los cincuenta y cinco es muy difícil. No imposible, pero sí muy difícil, y tienen que darse una serie de circunstancias muy concretas. Además, muchas veces los proyectos son aquellos que el mercado no quiere y tienen sus complicaciones.

Entonces, ese profesional o directivo es consciente de que ha entrado en una nueva etapa de su vida, la que los norteamericanos han bautizado como «segunda carrera», en la que miles de profesionales y directivos disfrutan en el periodo que iría entre los cincuenta y cinco y los sesenta y cinco o setenta años.

El primer paso de esa segunda carrera debe ser hacer un autodiagnóstico riguroso del valor que puede aportar como profesional con base en cuatro elementos: los conocimientos, las experiencias, la marca personal y las relaciones, además de un análisis patrimonial que le permita clarificar si entre las opciones de actividad estaría contemplada la de inversor o las necesidades de ingresos que requiere durante su segunda carrera.

Los conocimientos diferenciales tienen que ver con lo que sabe y que puede aportar a un proyecto. Cada profesional entra en la «segunda carrera» con un conjunto de conocimientos acumulados durante su carrera como profesional y directivo. Sin embargo, muchos de ellos son muy comunes y solo es «experto» en una determinada materia.

Las experiencias son las situaciones empresariales que ha vivido. Cada profesional y directivo, en función de los proyectos en los que ha participado, acumula una serie de experiencias propias. Unos han vivido situaciones de *startup*, otros han vivido reestructuraciones, otros fusiones o adquisiciones, internacionalizaciones, unos conocen las empresas familiares y otros las grandes corporaciones. Podríamos decir que no hay dos directivos con las mismas experiencias y estas son también activos que puede poner al servicio de nuevos proyectos.

Durante su vida ejecutiva ha ido construyendo una marca personal que se traduce en mayor o menor notoriedad (cuántos lo conocen en el mercado) y una reputación (con qué valores se lo relaciona). Igualmente, la marca personal puede ser un factor facilitador de nuevos proyectos, o lo contrario.

Finalmente, un directivo, cuando entra en su «segunda carrera», tiene una red de contactos, gente que conoce, clientes, proveedores, jefes que tuvo, empleados que hoy son directivos en otros proyectos, inversores, conocidos de asociaciones, etc. También debe entender que su red de contactos es un activo que puede poner en valor en su segunda carrera. En este momento, deberá hacer un diagnóstico pragmático del auténtico valor de esa red de contactos y deberá haber descartado a todos aquellos que se relacionaban con el rol que desempeñaba en el pasado y que no eran relaciones «auténticas». Para una buena valoración de la red de contactos puede hacerlo mediante el canal de acceso a dicho contacto.

Un tema importante es ser consciente de que todos estos elementos, conocimientos diferenciales, experiencias, marca personal y relaciones de calidad son las que son y tiene que «venderlos» y mantenerlos, no tanto desarrollarlos, porque ya no cuenta con la ayuda del rol directivo para hacerlos crecer.

Tras esa tarea del autodiagnóstico, tendrá que entender todas las opciones que existen en el mercado: unas más ejecutivas y parecidas a lo que fue su pasado, pero bajo otros modelos de relación, como es el caso del *interim management*, pero hay otras muchas opciones para poder seguir aportando valor desde sus atributos profesionales a nuevos proyectos. Por ejemplo, muchos directivos se forman para ser consejeros de empresas, patronos de fundaciones, miembros de consejos asesores. Otros inician relaciones mercantiles con diversos proyectos bajo la figura del *senior advisor*. O inician una etapa de emprendimiento propio o como inversor en otros proyectos, por ejemplo, como *business angel*.

Todas estas figuras y muchas otras son elementos de una paleta de posibles actividades en esa «segunda carrera» que para muchos es más placentera que lo que fue su carrera ejecutiva.

España se encuentra sumida en una paradoja, somos un país muy envejecido, con una población *senior* muy importante y, al mismo tiempo, somos un país en el que los profesionales y directivos finalizan tempranamente su carrera. La «segunda carrera» es una solución para que miles de profesionales y directivos sigan aportando valor a la sociedad a través de la puesta en valor de los activos que han ido acumulando durante toda su carrera.

DE DIRECTIVO A CONSEJERO

Todo directivo, por mucho éxito o poder que tenga, algún día dejará de serlo, bien por razones personales o, más frecuentemente, porque alguien considerará que otro profesional lo puede hacer mejor. En casi todos los casos, es el fin de la carrera ejecutiva y el inicio de lo que los norteamericanos han llamado la «segunda carrera».

Cuando llega ese momento, la primera decisión que tomar es si queremos seguir activos y emprender esa «segunda carrera» o no.

La opción más natural de segunda carrera para un directivo es asumir un nuevo rol en proyectos empresariales como consejero, como miembro de un consejo de administración en el que volcar toda su experiencia anterior.

Los consejos de administración son los órganos colegiados compuestos por tres o más miembros que tienen la máxima responsabilidad dentro de una sociedad mercantil. Son los órganos del gobierno de las sociedades. Tienen que velar como equipo por el valor actual y futuro de la sociedad y que dicho valor sea equilibrado entre todos los *stakeholders* de la misma (accionistas mayoritarios, minoritarios, clientes, proveedores, directivos y empleados, sociedad y otros grupos de interés). Tienen, por tanto, luces cortas, pero también luces largas.

Los consejos de administración son órganos regulados. La Ley de Sociedades de Capital define su constitución y funcionamiento, y son supervisados desde instituciones públicas como la CNMV en el caso español de las sociedades cotizadas. Instituciones que periódicamente hacen recomendaciones para su buen funcionamiento.

La regulación española concentra en el órgano de gobierno la responsabilidad de las decisiones y sus consecuencias. Esto hace que los miembros de dicho órgano asuman un alto nivel de responsabilidad personal por las decisiones que se aprueban. Este es un hecho relevante que hay que tener en cuenta a la hora de decidir ser consejero. Y es que es una actividad no exenta de riesgo personal.

En los consejos de administración hay diversos tipos de consejeros. Por una parte, están los que representan los intereses de diversos grupos de propiedad del capital, por otra parte, están los consejeros que además ejercen una función ejecutiva, como en ocasiones el presidente del consejo de administración que fuera también ejecutivo, o el consejero delegado o, en otras ocasiones, otros directivos de la sociedad. Y, por último, están los consejeros independientes, que son los que deberían velar por el interés de los accionistas minoritarios y de los diversos *stakeholders* de la sociedad; además, son los que deberían estar más sensibles a las normas del buen gobierno corporativo. Todos ellos tienen el mismo peso y la misma responsabilidad en la toma de decisiones.

Un directivo de una compañía puede ser nombrado consejero independiente de otra sociedad si la compañía en la que está ejerciendo su función ejecutiva se lo permite y si esta circunstancia no genera ningún conflicto de interés entre ambas sociedades. Hay compañías que no permiten que sus ejecutivos ejerzan ese rol para otra compañía por el tiempo que supone, que algunos estiman entre trescientas y cuatrocientas horas anuales y que podrían detraerse del tiempo que demanda su función ejecutiva.

Por otra parte, un profesional que está en su primera carrera como ejecutivo es bueno que forme parte de órganos de gobierno en su propia compañía, bien en su matriz como consejero-ejecutivo, o bien como consejero dominical en representación de su compañía en alguna filial o sociedad participada. Esto demuestra que ese profesional no es alérgico al riesgo y que ya posee experiencia en órganos de gobierno de cara a su segunda carrera como consejero.

Sin embargo, la mayor parte de los ejecutivos no tienen la experiencia de ser consejeros hasta que inician su «segunda carrera».

Un alto ejecutivo en su segunda carrera tiene activos muy interesantes que aportar para un órgano de gobierno cuyas principales responsabilidades son la definición de la estrategia, la supervisión del negocio y aprobación de las cuentas, la identificación de los riesgos o la definición de la cultura y la política de sostenibilidad de la sociedad, ya que puede poner a disposición de dicho órgano los conocimientos y experiencias que ha acumulado durante años en su primera carrera. Adicionalmente, también pone al servicio del proyecto, en su rol de consejero, su reputación personal y su agenda de contactos.

Sin embargo, no todos los ejecutivos pueden ser buenos consejeros, ya que al tratarse de una función distinta requiere competencias también propias. Por ejemplo, la escucha activa es muy relevante, en general se requiere un perfil muy equilibrado, sabiendo que su misión es aprobar, pero no ejecutar.

La mayor parte de los directivos que ven en los consejos una vía de seguir aportando valor y alargar su actividad lo hacen como consejeros independientes, que son los que suelen aportar una visión más aséptica de los debates y retar a la función ejecutiva, pero con una actitud constructiva y siempre en beneficio de la sociedad. Normalmente, además, los consejeros independientes suelen estar presentes y presidir las dos comisiones más habituales de los consejos de administración: la de nombramientos y retribuciones y la de auditoría y riesgos.

Un tema clave es el significado de su independencia. Para que un consejero sea tal no debería depender de esta actividad, no debería plegarse a las presiones que le condicionen su pensamiento y, finalmente, su voto. En este aspecto es donde se juega realmente la independencia. Y esto puede provocar situaciones de alta tensión si desde la función ejecutiva se pretende crear un consejo sumiso y afín. No se trata de llevar la contraria, sino de aportar la visión profesional de los temas.

La realidad es que, aunque los códigos de gobierno son muy claros y estrictos, la dinámica que en muchas ocasiones se genera es que los temas están muy definidos y, sobre todo, muy trabajados antes de las reuniones del consejo, y estas son, frecuentemente, meros formalismos de aprobación y menos foros de debate.

No obstante, la tendencia, en este caso relacionada con los consejos, es claramente de evolución hacia un mejor gobierno de las sociedades, en línea con los principios de buen gobierno.

Cuando los directivos finalizan o prevén que van a finalizar su carrera directiva y quieren iniciarse como consejeros, deben tener en cuenta algunas recomendaciones para hacer ese viaje hacia el mundo de los consejos de administración.

El primer paso debe ser el autoconocimiento. El profesional *senior* puede aportar básicamente cuatro activos: conocimientos de temas, experiencias vividas, marca personal y red de contactos. Lo primero que tiene que hacer, sin trampas ni autoengaños, es saber cómo está comparativamente en esos cuatro temas. En general, un consejero va a ser elegido por los «activos» que pueda aportar a un consejo de administración, por lo que debe tener una fuerte experiencia en el mundo de los negocios, habiendo gestionado una sociedad o una rama de negocio con todo el impacto sobre los estados financieros.

El segundo paso es la formación en gobierno corporativo. Formación que no suele formar parte en los programas de directivos de las escuelas de negocio. Son programas específicos, nacionales o internacionales, que permiten fundamentalmente conocer las relaciones entre la propiedad de una sociedad, su órgano de gobierno y sus equipos de gestión, el marco jurídico mercantil de regulación de las sociedades, las funciones del consejo, sus comisiones, sus responsabilidades, la definición de estrategias sostenibles y la importancia de la cultura y los valores de una organización, el rol del consejo en cuanto a las finanzas, el cumplimiento normativo, los riesgos, etc. En definitiva, tiene que formarse como profesional de consejos y no presuponer que como directivo ya sabe de buen gobierno. Sin embargo, en estos programas de formación, y a veces de acreditación, sobre todo va a aprender los riesgos que tiene el profesional que actúa como consejero.

Otro paso es saber si en su compañía actual hay opciones de empezar a ejercer como tal, por ejemplo, en una de sus filiales o sociedades participadas. Y también, cuál es la política respecto a la posibilidad de iniciar una actividad de consejero en otra sociedad, por supuesto, en el caso de que no haya conflicto de interés.

Otro paso es preparar su biografía orientada al mundo de los consejos, en la que se refleje su formación en buen gobierno, sus interacciones con el consejo en sus etapas ejecutivas y, muy importante, su conocimiento y experiencia en los temas que hoy preocupan a los consejos de administración (riegos, sostenibilidad, digitalización, ciberseguridad, cultura y personas, atracción de talento, cumplimiento normativo…). Igualmente, deberá trasladar esta biografía a su perfil en las redes sociales profesionales.

El siguiente paso es que las firmas de *headhunting* de consejeros te conozcan, tengan tu *bio* y te tengan en su radar tanto para posiciones en nuestro país como para otras de la red internacional.

Y el siguiente paso, y posiblemente el más importante, es el *networking* de calidad con aquellos que pueden invitarte a formar parte de un consejo. En primer lugar, por los presidentes de las sociedades, otros consejeros, primeros ejecutivos, secretarios del consejo, así como también otros profesionales que son influyentes en los presidentes (abogados, auditores, consultores, etc.).

No obstante, no existen tantas oportunidades para formar parte de consejos de administración. Hay mucha más oferta de profesionales que demanda. En nuestras empresas cotizadas, aquellas que están más sujetas a supervisión y, por tanto, más cumplidoras de los principios de buen gobierno, estaríamos en torno a unos seiscientos consejeros independientes cuya renovación es cada varios años, y luego estarían las sociedades no cotizadas en las que la calidad del gobierno corporativo suele ser más baja y en las que la presencia de consejeros independientes es menor en términos proporcionales. Además, en este momento en nuestro país los reguladores han definido una recomendación para que haya un mayor equilibrio de sexo en los consejos de administración, lo que está generando una ventana de oportunidad para mujeres directivas.

En definitiva, si bien el ser consejero es posiblemente la opción de «segunda carrera» más natural para un directivo, hay que ser conscientes de que el mercado es estrecho y los riesgos que se asumen son elevados; en cualquier caso, es el entorno más natural para volcar los conocimientos y la experiencia que el directivo ha acumulado.

SER MIEMBRO DE UN
CONSEJO ASESOR

Cuando un directivo inicia su «segunda carrera», o incluso estando todavía ejerciendo la función ejecutiva, y se plantea las diversas alternativas de aportación de valor a un proyecto empresarial, una de las más interesantes es la de formar parte de un consejo asesor.

Pero ¿qué es un consejo asesor? Un consejo asesor es un órgano informal, no regulado, conformado por varios profesionales que sirven de apoyo al gobierno o a la dirección de las organizaciones y que pueden tener diversos propósitos, todos ellos orientados a acelerar el crecimiento y mejorar la competitividad.

El hecho de que no sean órganos legalmente obligatorios hace que las sociedades los monten voluntariamente, siendo, además, órganos muy flexibles y, en muchas ocasiones, muy poco formalizados. De hecho, esto es una gran ventaja para el profesional ya que no se asumen responsabilidades legales, no son órganos de decisión, sino órganos consultivos y sus miembros tienen voz, pero no voto.

Aunque hoy están más extendidos, son órganos relativamente nuevos, nacieron en Norteamérica hace unas cuantas décadas y llegaron a otros mercados más tarde. Sin embargo, en estos momentos, hay muchas sociedades que o los han puesto en marcha o se están planteando hacerlo, especialmente como un instrumento de comprensión de un mundo tan volátil y con tantos vectores de cambio que hace necesario contar con mucho talento para entender adecuadamente y responder sin error.

Su propósito es diferente para cada caso y suele estar relacionado con el contraste de ideas con el gobierno o la alta dirección, la presentación de tendencias, el incremento reputacional y la generación de oportunidades.

Son una manera de acceder al talento que pueden aportar profesionales con experiencia, en un formato de gran flexibilidad y acceder a sus activos: conocimientos diferenciales, experiencia, marca personal y contactos.

No son incompatibles con el consejo de administración, de hecho, hay compañías que tienen ambos instrumentos, en cuyo caso el consejo asesor puede servir para debatir temas y presentar dictámenes de carácter consultivo.

Un consejo asesor es un magnífico instrumento de acceso a profesionales con conocimientos específicos de un mercado geográfico o de clientes nuevos o un área técnica determinada, por ejemplo, la tecnología. También a experiencias de gestión como la expansión internacional de un negocio o una reestructuración o un crecimiento explosivo y, finalmente, a una cartera de relaciones que todo buen profesional con una alta reputación suele tener al final de su carrera.

Por tanto, tener un grupo de profesionales independientes en un consejo asesor puede aportar mucho valor a una sociedad. Pero para ello hay que hacer una buena definición y cuidar su implantación, dedicando recursos de calidad a su propia gestión para obtener el retorno esperado.

Además de recibir ideas de tendencias del mercado, un consejo asesor aporta reputación a la compañía, especialmente si está formado por profesionales de reconocido prestigio, pero también aporta ideas de cómo hacer las cosas e incluso la posibilidad de conectar a la sociedad con un mercado a través de clientes, reguladores, prescriptores, aliados, financiadores, etc.

Muchas veces un consejo asesor puede ser un instrumento de acercamiento de las voces independientes a los órganos de gobierno de las sociedades cuando estas no están obligadas a tener consejeros independientes. Pueden ser un instrumento que actúe como un consejo de administración, pero sin las responsabilidades últimas de este. De hecho, muchas sociedades lo utilizan como paso previo, como un noviazgo, antes de la incorporación plena de consejeros independientes al consejo de administración.

Hay consejos asesores de diversos tamaños, pero en general están constituidos por pocos profesionales, idealmente diversos y la clave es el compromiso de los miembros con el proyecto, así como tener un ambiente de trabajo que refuerce la participación y haya voluntad de permanencia.

Hay consejos asesores que se reúnen con gran asiduidad, mientras que, en otros casos, las reuniones son muy puntuales. Aunque las reuniones son importantes, también lo son las gestiones que se realizan entre ellas.

El consejo asesor se conforma con profesionales independientes y, a veces, también con ejecutivos de la sociedad y suele estar monitorizado y avalado desde la presidencia de las sociedades.

Los miembros del consejo asesor deben tener unas determinadas experiencias previas, así como un conjunto de *skills* para tener éxito (empatía, capacidad de escucha, actitud de ayuda y colaboración, capacidad de comunicación…).

Es importante formalizar el marco de la colaboración con los profesionales, antes de iniciar su participación en el consejo asesor, y definir temas como: la política de no competencia, la no existencia de conflictos de interés, la confidencialidad, el modelo retributivo o la política de comunicación.

No todos los consejos asesores son iguales. Podríamos decir que hay cuatro tipos:

1. *Consultivo:* sus miembros ayudarían a contrastar la estrategia, así como su organización, procesos, etc.
2. *Técnico:* están focalizados en el asesoramiento en un ámbito específico, como podría ser la digitalización, la innovación, la sostenibilidad…
3. *Reputacional:* tendría un foco claramente externo y básicamente implicaría vincular la marca de la empresa con la marca personal de determinados profesionales.
4. *Facilitador:* su foco es claramente externo y con objetivos específicos de prescripción comercial o de gestiones ante otros *stakeholders* importantes para la actividad de la organización.

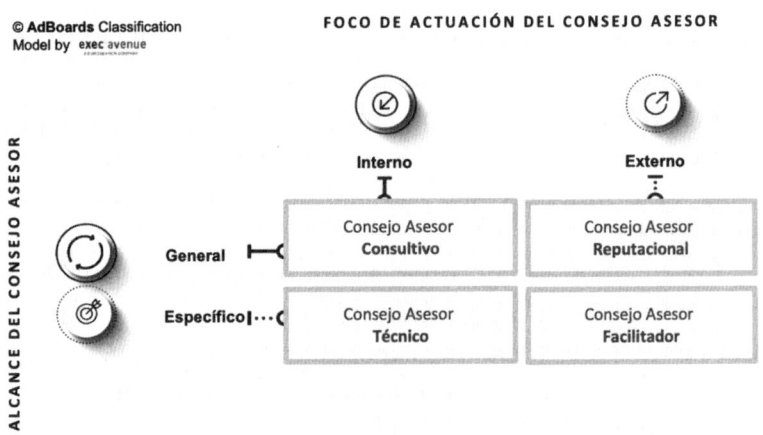

Aunque son órganos válidos para todo tipo de situaciones, hay cuatro tipos de empresas para las que resultan, por distintas razones, especialmente útiles:

1. *Startups:* para acelerar su crecimiento.
2. *Empresas familiares:* para nutrirse de las ideas de profesionales independientes y acercarse a la profesionalización de los órganos de gobierno corporativo.
3. *Empresas internacionales* que aterrizan en el mercado: para hacerlo con mayor garantía de éxito.
4. *Grandes empresas:* para afrontar con éxito determinadas iniciativas que requieren un conocimiento técnico específico (por ejemplo, el proceso de digitalización).

Las principales diferencias con el consejo de administración son:

– Sin duda, la principal diferencia es el grado de *responsabilidad* de los miembros. Mientras que el cargo de administrador implica una altísima responsabilidad legal, el miembro de un consejo asesor no tiene facultades de decisión, solo opina, asesora, no tiene ninguna responsabilidad legal. Tiene voz, puede ser escuchado, pero no tiene voto. Esto hace que para algunos profesionales sea mucho más atractivo participar en consejos asesores que en consejos de administración.

– El grado de *formalización* también es muy distinto en un caso y en otro. Mientras que en un consejo de administración hay una alta formalización de todo: desde el nombramiento hasta las reuniones del consejo, de sus comisiones, y esta formalización es incluso exigida legalmente, en el caso de los consejos asesores suele ser muy bajo y siempre a discreción de su presidente.

– El *contenido del debate* en las reuniones también es bien distinto. En el caso de los consejos de administración, está marcado por la agenda de las reuniones, mientras que el debate de los consejos asesores suele ser mucho más amplio y flexible.

- En cuanto a *comunicación*, los cargos de los consejos de administración son cargos «públicos» que constan en el Registro Mercantil. Mientras que la estrategia de comunicación de los cargos de los consejos asesores depende del interés de la sociedad y de los propios miembros.

- Finalmente, la diferencia en materia de responsabilidad también genera una importante diferencia *retributiva*, siendo mucho más alta la que se obtiene como administrador que como miembro de un consejo asesor en donde muchas veces hay que buscar otras motivaciones para que magníficos profesionales participen ayudando a desarrollar una sociedad a través de su consejo asesor, como es la formación o la propia satisfacción personal de conocer y apoyar su proyecto.

También es interesante entender las diferencias de ser miembro de un consejo asesor respecto a otra figura de «segunda carrera» como es la de *senior advisor*. La principal es que este segundo tiene una relación con la sociedad de naturaleza individual, no formando parte de un órgano colegiado formado por varios profesionales. El miembro del consejo asesor es parte de un grupo y, por tanto, obtiene el valor de formar parte de un equipo, aprendiendo de los demás profesionales, de sus compañeros.

Para acceder a un consejo asesor es clave el contacto directo con el ejecutivo que lo está poniendo en marcha, muchas veces el CEO de la sociedad. Por tanto, podríamos decir que aplican las mismas fórmulas que en el caso de los consejos de administración que vimos en el capítulo anterior.

El participar en un consejo asesor supone una fuente de aprendizaje para el profesional ya que le va a permitir conocer un nuevo modelo de negocio, a veces una industria diferente a aquella en la que se ha desarrollado, estar en contacto con la realidad y participar en debates que suelen ser bastante estratégicos.

Un consejo asesor permite alimentar de nuevos conocimientos y seguir en la vida activa ayudando a un proyecto concreto. Suele ser una experiencia muy satisfactoria porque permite seguir aportando (y recibiendo) valor, una de las principales motivaciones en la «segunda carrera directiva».

Además, un consejo asesor suele generar unos ingresos que, aunque son menores que en el caso de los consejos de administración, que tienen una «prima de riesgo», pueden suponer unas rentas interesantes para mantener el patrimonio con el que el directivo entró a su «segunda carrera».

En definitiva, si para la empresa son un instrumento muy atractivo de acceder al talento con experiencia, para el profesional es una fórmula con un buen balance entre las horas dedicadas, el riesgo asumido y el retorno obtenido, tanto en ingresos como en valor intangible.

SENIOR ADVISORS

Seguimos nuestro repaso de alternativas para aprovechar el talento de aquellos directivos que finalizan su carrera ejecutiva y tienen intención de seguir aportando valor a través de su segunda carrera.

En anteriores capítulos exploramos el concepto de «segunda carrera» y las opciones naturales de ser consejero en un consejo de administración, con sus pros y contras, y de ser miembro de un consejo asesor. En esta ocasión, desgranamos otra figura que se ha desarrollado en todo el mundo en los últimos años: el rol del *senior advisor*.

Un *senior advisor* es un profesional, normalmente en su segunda carrera, que posee conocimientos, experiencias, marca personal o contactos y relaciones de valor, que quiere seguir activo y, por tanto, ofrece sus activos al servicio de otros proyectos, a través de una o varias relaciones mercantiles con una o varias sociedades, a tiempo parcial y sin exclusividad. Es decir, que es compatible este rol con otras actividades de segunda carrera.

Es muy frecuente, de hecho, que este rol en una sociedad se compatibilice con otros en una «paleta de actividades de segunda carrera».

Podría ser desempeñado incluso durante el ejercicio de la función ejecutiva, pero no es muy frecuente esta práctica ya que, cuando se producen estas actividades paralelas durante la carrera ejecutiva, lo más frecuente es que se combine, con el permiso de la sociedad, con la participación en un consejo de administración o, a veces, con un consejo asesor. Este rol es similar en formato jurídico al de un profesional *freelance*, tal vez la principal diferencia es que estos lo son durante toda su carrera profesional y el *senior advisor* se ejercita al finalizar la vida directiva. Pero podríamos decir que un *senior advisor* es un *freelance* con gran experiencia profesional y un recién llegado a esta fórmula de aportación de valor.

Cuando un directivo finaliza su carrera ejecutiva posee activos tangibles e intangibles. Su activo tangible es el patrimonio personal que ha ido construyendo a partir del ahorro y la inversión financiera de sus rentas personales. Y sus activos intangibles son los conocimientos y experiencias acumulados durante más de treinta años de carrera profesional y directiva, su marca personal, en términos de notoriedad y reputación, y su red de contactos construida con base en las relaciones que ha desarrollado durante su carrera. Y esos activos intangibles tienen un gran valor puestos a disposición de un proyecto empresarial, siempre que haya una utilidad real de los mismos, una buena gestión por parte de la alta dirección del proyecto, una correcta y sincera valoración y una actitud abierta y sincera del profesional de ponerlos a disposición del proyecto.

En Europa nos enfrentamos a un hecho relevante y es la salida en los próximos años de miles de profesionales y directivos del mercado laboral. Las diferencias del momento de la salida son muy importantes entre unos países y otros, con más de siete años de diferencia entre los países del norte y el centro de Europa y los países del sur, entre ellos, nuestro país.

En este contexto, las oportunidades que ofrecen, por ejemplo, los consejos de administración son muy limitadas ya que las «plazas» son muy escasas; pensemos que la mayor parte de las sociedades de nuestro mercado no son cotizadas y, por tanto, sujetas a los mecanismos de regulación y supervisión de su gobierno corporativo. En el entorno de las sociedades no cotizadas muchas ni siquiera tienen un consejo de administración y existen todavía muchas reticencias a incorporar profesionales independientes en dichos órganos de gobierno. Igualmente, los consejos asesores están todavía en un estado incipiente en muchos mercados. Por tanto, podríamos concluir que ni los consejos de administración, ni los consejos asesores podrían cubrir toda la oferta de directivos en su segunda carrera, por lo que la fórmula del *senior advisor* viene a sumar como instrumento de la canalización de la experiencia de los *seniors* en su «segunda carrera».

En este punto podríamos preguntarnos qué ventajas tiene esta figura para la empresa y para el profesional sobre las dos figuras ya analizadas en capítulos anteriores.

Si comparamos la figura del *senior advisor* con la del consejero, respecto a la sociedad, el primero tiene la ventaja de la flexibilidad y el compromiso. Es una figura no regulada y puede aportar un gran valor si se le saca partido y si en el proceso de selección se han seguido criterios profesionales de encaje de los «activos intangibles» que posee el profesional con las necesidades de la sociedad. Es más flexible y mucho más eficiente en coste puesto que no hay que pagar una prima de riesgo. Y ahí radica también la gran ventaja para el profesional y es la no asunción de riesgos. Se cuenta con el *senior advisor* para opinar, dar consejos, pero no para asumir la decisión final, ni para ejecutar las recomendaciones.

Por otra parte, y en relación con los consejos asesores, la figura del *senior advisor,* que desde un punto de vista de relación contractual es muy similar a la de ser miembro de un consejo asesor, es más fácil de implementar y de gestionar, son relaciones individuales, mientras que un consejo asesor tiene que ser gestionado para que funcione y eso implica más complicación logística. Sin embargo, se pierde la conversación, el debate, la sinergia y la pertenencia a un grupo. Podríamos decir que para la sociedad es más fácil de gestionar la figura del *senior advisor* y para el profesional es más atractivo pertenecer a un consejo asesor.

El *senior advisor* puede tener también ciertas similitudes con el rol de consultor, aunque hay dos principales: la primera es que el *senior advisor* trabaja solo, sin equipo; y la segunda es que habitualmente no genera documentación detallada sobre los temas, sus ideas son más orales o con documentos, informes o presentaciones generales. Podríamos decir que el *senior advisor* es una figura que está a caballo entre la de un consejero asesor y la de un consultor, aunque tiene características propias que la hacen diferente.

Otra de las cuestiones claves es el propósito de la función de asesoramiento de ese profesional *senior*. En muchas ocasiones se buscan los activos intangibles diferenciales para su utilización por parte de la alta dirección. Así, en algunas ocasiones, lo que se busca es un conocimiento o una experiencia diferencial. Actuarían, así como el oráculo independiente al que consultar un tema concreto, serían los grandes expertos de una determinada área: estrategia, sostenibilidad, finanzas, personas y cultura, digitalización, *compliance*, riesgos, fiscalidad, internacionalización, *marketing*, reputación, etc.

En muchas ocasiones, dan un servicio a la alta dirección de una sociedad o incluso a un área concreta de negocio. En ocasiones, al órgano de gobierno directamente.

Aunque en la mayor parte de las ocasiones aportan ideas de gestión, hemos observado que en los últimos años también hay *senior advisors* que ayudan a mejorar la gobernanza.

Otro ejemplo de utilidad es cuando una sociedad tiene que enfrentarse a una circunstancia nueva y puntual, por ejemplo, cuando una familia empresaria quiere constituir una sociedad patrimonial para separar la actividad de la sociedad de otros activos e inversiones o incluso constituir una *family office*, o cuando una empresa quiere salir a bolsa, o cuando quiere acercarse al mundo de los fondos para vender una parte de su capital. Es decir, a veces en las empresas se tienen que enfrentar a circunstancias únicas en su existencia sobre las que no se tiene experiencia. En este caso, tener un *senior advisor* «experto» puede ser de gran valor y no invalida, sino que complementa los trabajos que puedan realizar otras firmas externas en dichos procesos (abogados, consultores, etc.).

Nos encontramos en un mundo de grandes cambios que requieren múltiples competencias para afrontarlos. A veces esos cambios son de mercado, o impulsados por la revolución tecnológica, pero también pueden ser impulsados por la regulación. De hecho, tras la crisis de 2008 hemos visto una borrachera de cambios regulatorios mensuales y semanales que hacen muy difícil asegurar que las sociedades cumplan con toda la carga regulatoria que emana de diferentes instancias (europea, nacional, autonómica, local…) y de los reguladores de algunos sectores (banca, seguros, energía…). Esta aceleración de los cambios implica disponer de conocimientos múltiples que, en muchas ocasiones, no tienen ni los equipos de gestión, ni los órganos de gobierno, lo que hace más atractivo el acercamiento a estas figuras como «complemento competencial» a las capacidades propias.

En otras ocasiones, el principal activo aportado es la marca personal que puede aportar valor reputacional a la sociedad. El hecho de que el mercado vincule al *senior advisor* con la sociedad ya aporta un gran valor en su puesta en escena en el mercado. Es un golpe en la mesa el contar con figuras relevantes para el mercado.

Y, cómo no, otro activo intangible lo constituyen los contactos de calidad del directivo en su segunda carrera. Contactos que se han construido a lo largo de toda una carrera en relaciones con múltiples *stakeholders* de la sociedad: clientes, proveedores, aliados, competidores, empleados, reguladores, asociaciones, etc. Y, aunque un porcentaje de esos contactos son *fake*, y desaparecen el día en que el directivo abandona la función ejecutiva, algunos son de «calidad», son genuinos, y no se limitan a una relación formal entre puestos directivos, sino que han alcanzado a las personas que representaban dichos papeles. Estos contactos, posiblemente menos del 10 % del tarjetero del día D, son los que se pueden poner en valor al servicio de un proyecto empresarial.

Y aquí hay algunas peculiaridades respecto a este activo relacional. Muchos directivos no quieren utilizarlo de manera recurrente. Es como «seguir vendiendo», cuando lo que puede hacer con esa disposición es ayudar a encontrar una solución de vanguardia. Por ello, de cara al profesional, es importante vincularse con sociedades con auténticas propuestas de valor para sus clientes. En la *due diligence* del profesional que aspira a una posición de *senior advisor*, que tiene que entender qué activo intangible busca el proyecto y cuál es la propuesta de valor de la sociedad que lo pretende. Así como la reputación de la marca corporativa que le tiene que sumar en su «segunda carrera».

Los activos intangibles entran en pausa el día D. Es muy difícil hacerlos crecer, la gran preocupación de todo directivo que quiere seguir activo e iniciar una segunda carrera es mantener sus activos en la misma, tanto los activos tangibles (su patrimonio) como los intangibles. Por ello, otro tema que considerar a la hora de hacer esa *due diligence* es tener en cuenta qué aprendizajes le puede suponer vincularse como *senior advisor* a un determinado proyecto. En un mundo en plena revolución tecnológica, vincularse a proyectos que le permitan estar al día en tecnología es muy relevante para no quedarse obsoleto en pocos años.

Con los contactos debe tener en cuenta que tiene una «ventana de oportunidad». Cada directivo tiene una red de una determinada generación, aquella que se ha desarrollado a la par que su carrera, pero que, igual que el directivo está transitando hacia su segunda carrera o hacia la inactividad, lo están haciendo los profesionales de su base de contacto. Además, en un momento de cambio como el actual, el mercado se renueva constantemente. Esto significa que tiene una ventana corta de utilización de sus contactos actuales, que si espera digamos cinco años, apenas le quedarán contactos de calidad, por tanto, la conclusión es que, si quiere poner en valor la base de contactos el día D, deberá hacerlo de manera inmediata porque cada día que pase dicha red se irá degradando y perdiendo valor por envejecimiento vegetativo.

En definitiva, la figura del *senior advisor* puede aportar mucho valor a una sociedad, tanto para recibir ideas de mejora de su gestión o de su gobierno corporativo, así como para afrontar situaciones nuevas y puntuales, teniendo en cuenta los conocimientos y experiencias del profesional y su juicio independiente.

Esta será, sin duda, una figura con grandes oportunidades de crecimiento en nuestro continente para canalizar los miles y miles de profesionales y directivos que saldrán del mercado laboral estándar en los próximos diez años.

OPORTUNIDADES DE COLABORACIÓN EN EL ECOSISTEMA DE LOS FONDOS

En este capítulo abordaremos una alternativa muy interesante para seguir activo y es la aproximación al mundo de la inversión como vía de prolongación de la actividad profesional.

El ecosistema inversor de capital tiene básicamente dos actores: los «inversores» y los «gestores». Los primeros son los que se ocupan de aglutinar recursos de particulares, instituciones púbicas o de sociedades mercantiles para ser invertidos. Los segundos son sociedades u organismos públicos cuya actividad consiste fundamentalmente en la financiación de proyectos empresariales de pequeñas, medianas e incluso grandes empresas mediante participaciones temporales en su capital social o mediante deuda.

Los «inversores» pueden tener distinta naturaleza: fondos de pensiones de sociedades mercantiles o entidades públicas, sociedades de inversión de familias (*family office*), bancos, aseguradoras, fondos soberanos de algunos países. En definitiva, son sociedades que aglutinan recursos financieros y que los colocan en diferentes activos en función básicamente de tres parámetros: retorno de la inversión, riesgo y horizonte temporal de la inversión.

En el entorno de los «inversores», tienen más opciones de encontrar oportunidades de segunda carrera los directivos de perfil financiero, normalmente bajo el formato de *senior advisor*.

Dentro de los inversores, tal vez sería en las sociedades de inversión familiar en las que tienen más opciones, ya que en el resto suelen tener estructuras propias en sus equipos de gestión. Sin embargo, esta no es una vía con muchas oportunidades, no solo por el número de sociedades de este tipo y por los requerimientos técnicos financieros que se requieren, sino sobre todo por el altísimo nivel de confianza que requiere. No obstante, existen casos de altos directivos que en su «segunda carrera» dirigen, por ejemplo, las operaciones de inversión en estructuras de *family office.*

El otro gran bloque del ecosistema lo componen las sociedades gestoras que recogen recursos financieros particulares de los «inversores» y los invierten en proyectos empresariales de pequeñas, medianas o grandes empresas. Es el mundo que, genéricamente, se denomina de los fondos y cuya catalogación es compleja pues constituyen una entramado con muchas alternativas en función de diferentes variables: fondos públicos o privados, fondos internacionales o nacionales, fondos genéricos o especializados, fondos de capital privado o de capital riesgo, fondos de capital o de deuda, además de algunos tipos de fondos especializados en determinadas inversiones, como es el caso de los fondos de reestructuración o los *search funds.*

Sin embargo, la clasificación más generalmente utilizada es la que se refiere al tipo de proyectos en los que se invierte, de modo que las sociedades de capital privado pueden agruparse en dos tipologías: las de capital riesgo (*venture capital*), que invierten en sociedades más noveles, normalmente con niveles de inversión (*tickets*) más bajos, y las que podríamos denominar propiamente de capital privado (*private equity*).

Ambos tipos de fondos tienen elementos comunes, como son la aportación de recursos financieros a sociedades mercantiles no cotizadas a través de su participación en el capital y ocasionalmente, mediante deuda. Dicha participación puede ser mayoritaria o minoritaria y suelen tener el objetivo de ayudarlas a crecer y a mejorar su competitividad y, por tanto, con el objetivo último de generar valor y así obtener un retorno de dicha inversión, especialmente en el momento de su «salida».

Además de recursos financieros, el fondo aporta un valor añadido importante basado en su conocimiento y la experiencia para hacer más grandes y rentables los proyectos, así como para liderar el futuro proceso de venta, una vez logrados los objetivos de generación de valor, para maximizar dicho valor en el mercado y cuyos beneficiaros serán el propio fondo, el resto de los accionistas y, en muchas ocasiones, el propio equipo directivo que ha liderado el proyecto.

En estos momentos existe una gran controversia por el peso que los fondos van teniendo en el conjunto de la economía y por su propio modelo, que algunos consideran que es excesivamente especulativo y cortoplacista frente a un modelo tradicional de empresa de socios o empresa familiar, que suele fijar unos objetivos a muy largo plazo pensando en la sostenibilidad del negocio para las futuras generaciones.

Pero lo cierto es que el capital privado es muy útil como financiación alternativa para muchas sociedades que encuentran dificultades a la hora de acceder a recursos financieros por otras vías, como la tradicional financiación bancaria, pero además su participación genera un valor añadido por la transmisión de conocimientos y la experiencia de sus equipos, y supone un revulsivo a sociedades que, a veces, están encerradas en sí mismas, sin darse cuenta de las amenazas y las oportunidades que el mercado les ofrece, llegando a un punto de no retorno y con dificultades de supervivencia.

También el capital privado implica una inyección en la ambición empresarial a la hora de crecer orgánicamente, mediante la mayor exigencia a la estructura directiva y mediante la búsqueda de oportunidades de crecimiento inorgánico o incluso mediante la búsqueda de alianzas.

Para tener un orden de magnitud del sector de los fondos de capital privado, actualmente las inversiones de los fondos en empresas españolas alcanzan los 48.335 millones de euros, invertidos en unas 2.720 sociedades participadas de diferentes tamaños y que dan empleo aproximadamente a 514.165 personas, lo que supone aproximadamente el 2,44 % de los trabajadores ocupados de nuestro país (21.056.700)[2].

Los fondos de capital riesgo (*venture capital*) se orientan a empresas nuevas (*startups*) y pueden ser de diferente tipo (capital semilla, capital de arranque, *other early stage* o *late stage venture*), en función del momento en que se encuentra la sociedad, desde aquellas que aún ni siquiera están constituidas y que solo cuentan con un emprendedor y un plan de negocio creíble hasta aquellas otras que ya han pasado por diferentes rondas de financiación. Estos fondos están hoy muy orientados a proyectos de tecnología y de innovación, y buscan proyectos con mayor probabilidad de éxito y conseguir invertir en un «unicornio»[3].

Por su parte, los fondos de capital privado propiamente dicho (*private equity*) son aquellos cuyos recursos se orientan a las empresas no cotizadas que están en crecimiento o consolidadas, son empresas de socios o empresas familiares en algunos casos con una larga trayectoria.

---

2 Datos extraídos de SpainCap, la asociación que agrupa al ecosistema inversor en nuestro país y de la EPA 2T/23.

3 Las empresas unicornio son aquellas que en muy poco tiempo (menos de diez años) alcanzan un alto valor (mil millones de dólares) gracias a su propuesta de valor y a la capacidad de gestión de su equipo emprendedor.

Las razones por las que estas empresas acuden a los fondos como vía de financiación alternativa pueden ser varias, desde el propio acceso a recursos financieros no bancarios hasta la propia capacidad para seguir creciendo, o incluso por las dificultades de sucesión del equipo emprendedor.

Por lo tanto, las operaciones de los fondos de capital privado pueden ser de diferente naturaleza:

- Capital de expansión o desarrollo (*growth capital*) orientadas al crecimiento de un proyecto sano, lo que supone normalmente grandes aportaciones de recursos, pero con menor riesgo al contar la sociedad con un recorrido histórico de éxito y cuyos recursos permiten la adquisición de activos fijos o aumentar el fondo de maniobra, acometiendo inversiones, la entrada en nuevos mercados o el crecimiento inorgánico.
- Operaciones apalancadas (LBO), que son inversiones en las que una parte de la operación es financiada con recursos de terceros que son garantizados por los activos de la sociedad y el resto por el propio fondo. En estos casos, las operaciones requieren altos volúmenes de inversión y el fondo se tiene que asegurar que la sociedad es capaz de generar los recursos para hacer frente a la deuda contraída en la propia operación.
- Capital sustitución (*replacement*), que es cuando el fondo sustituye a la propiedad actual, por ejemplo, en empresas familiares sin relevo generacional o cuando una sociedad quiere desinvertir en una determinada rama de actividad, pero el equipo gestor se compromete a mantener la actividad. Un tipo de fondo de este tipo son los *search funds*, en los que un proyecto en marcha sin sucesión es asumido por un nuevo emprendedor con la ayuda financiera del fondo. Son operaciones a

tres partes (la propiedad actual, el nuevo emprendedor y el fondo). Este tipo de fondos de origen norteamericano ya ha llegado a nuestro país y posiblemente tendrá un gran desarrollo por razones demográficas, cuando miles de emprendedores *baby-boomers,* nacidos en los años cincuenta y sesenta, quieran retirarse y no tengan sucesión entre sus descendientes.

– Capital de reestructuración (*turnaround*), cuando el fondo ayuda en el rescate de una sociedad que atraviesa dificultades y que necesita recursos para sobrevivir, lo que implica una reestructuración operativa de la sociedad para hacerla viable. Existen fondos especializados en este tipo de operaciones (*restructuring funds*) que se caracterizan por bajas inversiones, a veces ninguna, y mucho seguimiento del plan de viabilidad posterior hasta ponerlas en valor. Aunque son operaciones de alto riesgo, pueden generar un altísimo valor.

En general, los fondos están configurados con un número limitado de socios profesionales y una estructura propia sin holguras formada por excelentes profesionales de las mejores universidades y escuelas de negocio con una fuerte especialización financiera y dispuestos a trabajar muchas horas. Ese modelo se complementa con la participación de profesionales de alto nivel con los que mantienen una relación mercantil en un formato de *senior advisor,* aunque en muchos casos se denominan *senior partners.*

Los fondos se apoyan en esta figura de manera habitual ya que les permite tener una estructura de coste variable y un equipo «complementario» de gran experiencia para dos tareas: la búsqueda y valoración de nuevas operaciones y la supervisión de las operaciones realizadas. Así surgen dos tipos de *senior advisors.*

En primer lugar, estarían los «buscadores» de oportunidades, que son un tipo de *senior advisor* que tienen dos misiones: la primera es la localización y evaluación de proyectos en los que invertir, pensando siempre en el valor futuro. En algunos casos, tienen un pago fijo (*flat fee*) que permite asegurar el vínculo del *senior advisor* con el fondo, y una retribución variable en función del éxito de cada operación (*success fee*).

El segundo tipo de *senior advisor* de fondos es el que podríamos denominar «el operativo» (*senior «operating» partner*), y que es el principal enlace entre el fondo y alguna o varias de las empresas de la cartera. Este profesional, que en muchos casos se denomina *senior partner*, aunque su relación y modelo encaja con los de *senior advisor*, es el encargado de asegurar que el equipo ejecutivo de la empresa cuenta con los recursos, los miembros del equipo y los procesos que necesita para cumplir los objetivos establecidos en el plan de negocio del proyecto de inversión. Para realizar esta función de supervisión de la inversión, se requiere un gran conocimiento del sector y de su gestión, y puede incorporarse a los órganos de gobierno de la sociedad en representación del fondo o incluso ser nombrado presidente no ejecutivo de la misma. A veces, a esta figura se le pide que invierta individualmente en la operación para incrementar su compromiso con el éxito de la operación.

En ambos roles puede aportar un gran valor un directivo por su conocimiento de un determinado mercado y poner al servicio del fondo y de las operaciones todos sus activos acumulados en su pasado ejecutivo (conocimientos, experiencias, marca personal y red de contactos y relaciones).

Son muchos los directivos que en su paleta de actividades de «segunda carrera» está la colaboración con el mundo de los fondos, y seguramente será una gran oportunidad para futuros directivos en sus segundas carreras.

Finalmente, algunos consejos para aquellos directivos que desconocen esta alternativa:

- En general, el retorno económico que obtiene el profesional estará vinculado al éxito, por lo que no es recomendable en el caso de que el profesional requiera unos ingresos recurrentes; no obstante, en el caso de los grandes fondos internacionales, sí puede darse el caso.
- Los niveles de dedicación son muy volátiles dependiendo de los proyectos, habrá periodos de poca actividad y periodos de una dedicación muy alta, similar incluso a la que tendría en su carrera ejecutiva, por lo que no se recomendaría esta línea de actividad a profesionales que quieran tener bajas dedicaciones en las actividades de segunda carrera.
- Como hemos descrito, existen innumerables fondos de distinta naturaleza, en función de diversas variables, por lo que es importante identificar bien aquellos en los que cada perfil directivo puede resultar más valioso y no perderse en la localización de aquellos más atractivos para el profesional, recordemos que estamos en una etapa en la que el tiempo tiene un gran valor y no podemos dedicar, perder, excesivo tiempo en esta etapa.
- Es interesante para el directivo en su función ejecutiva establecer relaciones de calidad con el ecosistema de fondos, esto incrementará las oportunidades de acuerdo en su segunda carrera. Al final, detrás de los fondos, hay personas y profesionales.
- En algunas operaciones el fondo da la oportunidad al *senior advisor* que la va a «operar» a actuar como inversor particular con su patrimonio o incluso con un préstamo facilitado por el propio fondo, lo que implica un mayor compromiso con la operación.

- En el caso de los fondos internacionales, es interesante entrar en contacto directo con la central del fondo, no solo con el *partner* de la oficina en la región.
- Si el directivo que se inicia en esta nueva etapa de «segunda carrera» cuenta con un nivel patrimonial importante, puede incluso crear y liderar su propio fondo, en una mezcla de esta iniciativa con la de emprendimiento *senior*.

Entre las alternativas de segunda carrera de un directivo, esta es muy interesante siempre que se esté en condiciones de aportar valor en la cadena de operaciones de los fondos, desde la facilidad para identificar operaciones hasta participar en el proceso de *due diligence*, valoración, negociación e incluso en el proceso de supervisión de la propia operación.

Ya que existe una tendencia evidente de incremento de la participación de los fondos en las empresas de nuestro país, es previsible que esta alternativa de «segunda carrera» sea una opción con grandes posibilidades en los próximos años y una manera muy clara de seguir aportando valor a diversos proyectos y, por consiguiente, a la generación de riqueza en nuestro país.

INTERIM MANAGERS

En este capítulo abordaremos una figura que estamos convencidos que explotará en los próximos años en nuestro país: la del *interim manager*.

Nos enfrentamos ante un entorno tremendamente volátil, cambiante, VUCA, como se ha denominado internacionalmente, y todo por la confluencia de cambios de diversa naturaleza: tecnológicos, económicos, regulatorios, sociales, demográficos… Esta locura de factores de cambio exige a la empresa tener que adoptar medidas de transformación que a veces se tienen que solapar con la gestión del negocio. Es como si en la empresa se solaparan dos estrategias: la de la gestión del negocio y la de la gestión de la transformación.

Esta transformación puede adoptar diversas formas. A veces es necesario hacer reestructuraciones de un área de negocio o de un país, a veces hay que poner en valor una actividad para ponerla en venta, a veces hay que implantar una nueva tecnología. Proyectos de envergadura que tal vez no tengan continuidad, grandes proyectos que exigen una experiencia directiva concreta y que, en la mayoría de las ocasiones, se solapa con la gestión del negocio.

Es complicado reclutar a un buen directivo que está en carrera para hacer un proyecto sin tener claro el siguiente paso y para ello nació la fórmula del *interim manager*.

Un *interim manager* es un directivo que ha tenido una experiencia acreditada en su carrera ejecutiva en un aspecto concreto de la gestión, desde el lanzamiento de una nueva actividad de negocio hasta lo contrario, cerrar una actividad, una fábrica, un negocio, pasando por la implantación de una tecnología o una reestructuración de plantilla.

Estas circunstancias excepcionales y de naturaleza temporal limitada son proyectos adecuados para la figura del *interim manager* y que, como actividad, se denomina *interim management*.

Esta fórmula en nuestro país ha tenido un desarrollo limitado, especialmente si lo comparamos con mercados más maduros en donde es una práctica conocida y habitual. Sin embargo, detectamos en el mercado signos de cambio de tendencia en cuanto a la oportunidad de ofrecer esta fórmula a la hora de acometer este tipo de proyectos «con plazo determinado».

En el mercado existen empresas dedicadas exclusivamente a la gestión de esta fórmula. También algunas empresas de *headhunting* ofrecemos servicios de *interim management* al mercado.

El modelo consiste en esencia en entender en profundidad el proyecto que acometer, determinar las competencias requeridas para el éxito en su ejecución, hacer la búsqueda del mejor profesional, llegar a un acuerdo económico y contractual con el candidato y ponerlo a disposición de la empresa cliente durante el tiempo definido haciendo un seguimiento de sus logros.

Esta es una actividad profesional muy atractiva para ser considerada como una opción válida en la «segunda carrera directiva», siempre que se disponga de la experiencia exacta requerida por el proyecto, siendo clave el correcto *macheo* entre la necesidad de la sociedad mercantil demandante con los conocimientos y la experiencia del directivo.

Para ello, los profesionales deberán hacerse visibles a las empresas que ofrecen estos servicios de *interim management* con una definición muy clara de las experiencias en las que se es «especialmente bueno».

Cada directivo sabe gestionar un tipo de proyecto en función de las experiencias que ha ido acumulando durante su carrera ejecutiva. Hay directivos que son muy buenos en enderezar un negocio poco eficiente, otros que son muy buenos en la creación de una marca, otros su fortaleza está en la gestión del equipo, otros, por el contrario, saben leer como nadie los estados financieros, otros son implantadores, otros han liderado la innovación, pero se aburren con la gestión de un negocio recurrente. Hay creadores de negocio, otros expertos en hacer un rápido crecimiento tomando una cuota importante de negocio, otros han gestionado negocios maduros e incluso hay expertos en los procesos de venta o incluso de liquidación de una sociedad. El directivo sabe lo que ha gestionado, por tanto, de cara a una actividad de *interim management*, debe dejar claro aquellos proyectos en los que realmente es experto, y las empresas de intermediación deben conocerlo.

El *interim management* es una actividad muy adecuada como parte de una segunda carrera, aunque por dedicación es difícilmente compatible con otras actividades ya que, cuando surge el proyecto, suele implicar una altísima dedicación que lo hace incompatible con otras figuras ya descritas en anteriores capítulos (consejos de administración, consejos asesores, *senior advisor*, etc.). Posiblemente, sea de las actividades potenciales de segunda carrera que exigen más dedicación, pero, eso sí, de naturaleza discontinua.

Durante unos meses, un año, dos años, el tiempo que dure el proyecto, se requiere la máxima dedicación, pero tenemos que asumir que, por definición, el proyecto es finito.

En la configuración a tres partes, la empresa cliente, la empresa de intermediación y el profesional, deben quedar claros los objetivos, el alcance de la colaboración, los requerimientos de funcionamiento y los plazos. La transparencia en estos términos del proyecto resulta clave para evitar conflictos posteriores y malentendidos entre las partes.

La empresa intermediara no finaliza su trabajo con la búsqueda del directivo más adecuado del proyecto, debe hacer un seguimiento cercano del avance mediante reuniones de control con la sociedad mercantil para la que presta el servicio y con el directivo puesto a su disposición. Ahí está el valor añadido de su trabajo, además de la búsqueda del profesional que puede acometer el proyecto con mayor probabilidad de éxito.

La propuesta de valor a la sociedad cliente radica en asegurar que el directivo que va a liderar el proyecto cuenta con la experiencia necesaria para acometer con éxito el proyecto, y que alcanzará los objetivos en el plazo determinado, y la empresa de intermediación debe generar y comprometerse con esta selección.

Normalmente, el directivo *senior* es contratado por la empresa intermediaria y puesto a disposición de la sociedad cliente. Esta fórmula ha generado en el entorno anglosajón una salida de gran éxito para un grupo de directivos que han alargado su vida ejecutiva de esta manera, siendo auténticos expertos de la gestión de un determinado tipo de proyecto.

Normalmente, la retribución por esta actividad es alta, no solo por la dedicación y el estrés que supone alcanzar los objetivos del proyecto, sino porque, además, las partes saben y asumen que el proyecto es finito en el tiempo. Para la sociedad tiene mucho valor que, el día que el proyecto finaliza, no tiene que gestionar la salida de ese directivo, sino que esta está acordada desde el inicio del proyecto y así queda reflejado en el contrato de puesta a disposición del directivo.

En ocasiones, hay un incentivo potente vinculado al éxito del proyecto para lo cual es conveniente traducir en indicadores medibles y objetivos lo que la empresa cliente considera que es éxito del proyecto.

Muchos comparan el *interim management* con el trabajo temporal y, aunque tiene similitudes, tiene grandes diferencias por la entidad del profesional y la importancia del proyecto. Se trata de la dirección de una gran operación con objetivos concretos de consecución y plazos acotados.

En cualquier caso, ser *interim manager* es una opción muy razonable para ser considerada en la «segunda carrera directiva», aunque el profesional deberá asumir el riesgo de los periodos de inactividad en los que además no es aconsejable asumir otras responsabilidades que posiblemente serán incompatibles con un nuevo contrato, como hemos comentado anteriormente.

Para minimizar los periodos de inactividad, es importante el autodiagnóstico de los conocimientos y experiencia claramente diferenciales y el atractivo de estos activos en el mercado.

No sería una buena decisión considerar que, por estar en la base de datos de dos o tres empresas de intermediación, al directivo le van a llover los proyectos.

Un ejemplo concreto: si un directivo en el ejercicio de su función ejecutiva tuvo que hacer, por ejemplo, el cierre de una fábrica en otro país y se tuvo que enfrentar a las dificultades regulatorias de dicho entorno, habiendo negociado con sindicatos locales, etc., tiene una experiencia tremendamente valiosa para otra empresa que tenga que hacer esa misma decisión. Su experiencia no tiene precio, pero la clave es saber el tiempo que pasará para encajar esa experiencia con la necesidad de otra sociedad.

Evidentemente, cuanto mayor sea el número de oportunidades que el mercado identifique proyectos concretos susceptibles de ser liderados por directivos bajo esta fórmula, mayor será la probabilidad de éxito para el profesional.

Hay casos en nuestro mercado en los que el directivo ha construido una segunda carrera y, de repente, le surge un proyecto de *interim manager* para el que está capacitado, teniendo en ese punto que decidir si mantener las actividades comprometidas o asumir el proyecto.

En cualquier caso, esta es una fórmula en alza, estamos en un mundo tan cambiante, que cada vez se necesitará más gestión de «proyectos finitos» y esta fórmula seguro que podrá ser considerada por los órganos de gobierno y la alta dirección de las compañías como una alternativa que puede aportar un gran valor en determinadas circunstancias.

BUSINESS ANGELS

En este capítulo abordaremos una alternativa interesante: convertirse en *business angel*.

Cuando llega el día D y el profesional que ha ejercido la función directiva durante años se despide de ella, tiene diversas alternativas que tendrá que valorar en función de tres variables: el riesgo que quiere asumir, la dedicación que quiere tener a la actividad profesional en el nuevo periodo y su situación financiera, tanto en términos patrimoniales como de necesidades de renta para dicha etapa.

Todo directivo en dicha etapa tendrá que prestar más atención a la gestión patrimonial que lo que hacía en el pasado cuando ejercía una función directiva. Además, posiblemente tendrá más tiempo y criterio que antes.

La opción de invertir una parte de su patrimonio en otros proyectos empresariales dependerá de la cuantía de su patrimonio y del riesgo que quiera asumir.

Sin embargo, no entraremos en este capítulo a definir la figura del *business angel* como meramente un proceso de inversión, sino la de aprovechar esta figura como una manera de, además de inversor, convertirse en una ayuda para dichos proyectos.

Ventajas para el directivo

Las ventajas que tiene para el directivo esta figura son varias.

1) El directivo es quien tiene el control, es decir, decide en qué proyectos invertir y en qué proyectos involucrarse.
2) El trabajar en entornos *startups* le proporcionará aire fresco.
3) Será una magnífica oportunidad de sentirse útil ayudando a otros en sus proyectos, sin asumir más riesgo que el del capital invertido.
4) Aprenderá posiblemente de negocios innovadores.
5) El ayudar a proyectos nuevos le hará sentirse útil en un rol de padrino o madrina de un proyecto empresarial.
6) Y si además el proyecto resultase exitoso, le generará unos ingresos interesantes.

En definitiva, aunque la figura de *business angel* está al alcance de todos los directivos en su segunda carrera, en este contexto, lo contemplamos no tanto como una opción de pura inversión, sino como una opción de extensión de su vida profesional activa.

En los últimos tres años he tenido la oportunidad de entrevistar a cientos de directivos en sus segundas carreras y debo decir que, aunque no tengo una certeza científica para afirmarlo, aquellos que se han orientado por esta fórmula de *business angel* con actividad aparejada son aquellos que he visto más satisfechos con su «segunda carrera».

¿Qué reflexión tengo que hacer para considerar esta opción?

El punto de partida es el nivel patrimonial del directivo. Un patrimonio que ha ido construyendo a partir del ahorro de parte de su renta alta durante su carrera profesional y ejecutiva. Dicho patrimonio dependerá no solo del nivel de ingresos, también de la capacidad de ahorro que haya tenido. Hay algunas variables que ayudan, por ejemplo, los directivos que han estado expatriados suelen tener un nivel patrimonial superior. Igualmente, aquellos que han sido CEO de sociedades cotizadas, incluso aquellos que han sido consejeros delegados y, por consiguiente, han tenido ingresos superiores por la prima de riesgo que supone ser CEO y consejero. También aquellos que han ido teniendo salidas no deseadas a lo largo de su carrera y que han ido acumulando un patrimonio a partir de indemnizaciones por despido. También podríamos decir aquellos directivos que tienen una mayor formación financiera y que han sabido invertir y obtener unas rentas de activos financieros, aunque, si tuviéramos que elegir alguna variable, son la capacidad de planificación del ahorro y el control del consumo doméstico posiblemente las más relevantes en este balance que deberá hacer el día D. En definitiva, para que la opción de *business angel* tenga sentido, tiene que disponer de un patrimonio financiero que le permita dedicar una parte de dicho patrimonio a inversiones en proyectos «de riesgo» de terceros y, además, como comentábamos anteriormente, dedicar parte de su tiempo a apoyarlos.

¿Por dónde empezar?

Una vez determinada la cuantía de la inversión, hay que segmentar el tipo de proyectos en los que invertir, para lo cual puede utilizar varios criterios. En unos casos dichos criterios son más personales del propio exdirectivo, por ejemplo, invertir en sectores o modelos de negocio que mejor conoce;

en otros casos, los criterios están más en los proyectos, por ejemplo, aquellos que requieren un determinado nivel de inversión o que el capital está repartido de un determinado modo, o que hay un balance entre la inversión de los propios emprendedores y la de los inversores externos. En definitiva, cada profesional deberá definir su modelo de inversión de acuerdo con sus criterios y necesidades. Además, este modelo de inversión deberá ajustarlo en función del aprendizaje que esta actividad le vaya generando. Entrará al principio en una etapa de aprendizaje y los aciertos y los errores le enseñarán a tener más capacidad de acierto. En cualquier caso, no olvidemos que no se trata de ser simplemente *business angel*, sino que, además, estamos ante una opción de contribución y compromiso personal más allá de la mera inversión financiera.

Un tema previo es el rango de *ticket* medio con el que se va a trabajar; si un directivo toma la decisión de dedicar a este propósito trescientos mil euros, no es lo mismo invertir treinta mil euros a diez proyectos que ciento cincuenta mil euros a dos proyectos.

Pensemos que el propósito de estas inversiones no es solamente la obtención de un beneficio a través del incremento del valor del capital invertido, sino que es la vía de aportación personal de valor a dichos proyectos. Esto hace que, aunque en la mayoría de los casos el *business angel* con rol exclusivamente inversor prefiere más inversiones en varios proyectos, en este caso, como el interés es tener una actividad de compromiso con el proyecto, normalmente se va a un modelo de menos proyectos con más inversión.

Un ejemplo habitual es tener una cartera de diez inversiones simultáneas con una involucración muy directa, luego comentaremos cómo, en dos o tres de los proyectos.

¿Cómo entro en contacto con los emprendedores y los proyectos?

Un directivo de una gran sociedad mercantil probablemente no conocerá el ecosistema de *startups* de su comunidad de negocios. Muchas veces las empresas consolidadas y las nuevas empresas viven realidades paralelas.

En general, tendrá que entrar en contacto con el ecosistema emprendedor de su comunidad de negocios. Algunas pistas son las grandes escuelas de negocio que fomentan el espíritu emprendedor a su alrededor y que canalizan e impulsan ese talento emprendedor que a veces ronda por sus aulas.

En las escuelas de negocio más importantes suelen organizar foros de encuentro en los que los «potenciales inversores» conocen los proyectos de los emprendedores y puede ser una primera toma de contacto para explorar en más detalle una posible inversión. En dichos foros los emprendedores presentan su proyecto en unos minutos, lo que los obliga a un gran ejercicio de concreción, y suelen comentar de manera muy sintética el negocio, su mercado objetivo (tipos de clientes), la ventaja competitiva del producto o servicio propuesto, el rol de la tecnología en su negocio y su capacidad de desarrollo, cómo se obtendrán los ingresos (*marketing* y canales de distribución), los clientes actuales (si ya cuentan con ellos), las alianzas que necesitan o que ya tienen, la competencia que tienen, el grado de desarrollo del proyecto hasta el momento y sus principales logros, quién es el equipo emprendedor, así como otros integrantes claves del equipo, las rondas de financiación que han tenido hasta la fecha y las previstas en el futuro, los resultados obtenidos y, sobre todo, el presupuesto proyectado que demuestra su ambición y retorno financiero, las necesidades de inversión y su objeto, así como la previsión de salida del capital y, finalmente, cualquier otro hito relevante que tener en cuenta para el inversor, como la obtención de una licencia o una inversión pública extraordinaria.

En cualquier caso, con una mezcla de criterios racionales que el directivo conocerá de su pasado corporativo, pero también con «olfato», a partir de la confianza que le genere el equipo emprendedor, finalmente tendrá que decidir si ese y no otro es el proyecto en el que quiere invertir porque lo ve ganador, y si ese y no otro es el proyecto en el que aportar su valioso tiempo, sus conocimientos, experiencia acumulada, marca personal y contactos. Y, si es que sí, acordar sus condiciones, que, en la mayoría de los casos, quedarán reflejadas en un «pacto de socios».

Un tema clave es el rol de control que el inversor tomará. En general, los *business angels* no entran en los órganos de gobierno de las sociedades en las que invierten. Es una manera de limitar las responsabilidades en el proyecto. Si como accionista el proyecto va mal, podrá perder su inversión, pero si el equipo gestor hace mal las cosas y el *business angel* está en el órgano de gobierno, las consecuencias pueden ser mucho más relevantes que el *ticket* invertido.

Además, deberá estar presente en otros foros del ecosistema emprendedor, tendrá que tejer redes con otros *business angels* para ir juntos en proyectos, también, se acercará a algunas grandes corporaciones que ayudan al ecosistema emprendedor en viveros empresariales, e incluso al sistema universitario más competitivo, que también debería fomentar la creación de proyectos y, poco a poco, se hará un experto de este ecosistema emprendedor.

Una recomendación que haríamos es que los primeros pasos los dé con otro directivo que lleve tiempo en esta actividad y que haya tenido éxito en la misma. Le ahorrará mucho esfuerzo y le quitará más de un disgusto.

Tendrá que entender que se va a cruzar con muchos tipos de proyectos, muchos de ellos no cumplirán con los objetivos planificados, otros terminarán haciendo un modelo de negocio distinto del previsto inicialmente, y pocos o incluso ninguno de ellos serán un auténtico éxito. Tendrá que entender que pocos proyectos escalan y que muy, muy pocos, se convierten en «excelentes negocios», los llamados «unicornios» que algunos dicen que existen, pero que pocos han visto.

¿Cómo se puede concretar este rol activo?

Cuando un proyecto resulta atractivo por el producto o servicio, o simplemente porque el equipo le genera confianza, o porque es un proyecto en el que cree que puede aportar, deberá plantear que su interés no es solo financiero como un inversor más en la ronda, sino que posee activos que pueden aportar al valor del proyecto. Que un directivo de éxito ponga al servicio de un proyecto nuevo sus activos, esos activos que ha ido construyendo durante toda una vida profesional (conocimientos, experiencias, marca y contactos), es de enorme ayuda para un nuevo proyecto, pero el exdirectivo, ahora inversor, tendrá que definir el modelo de canalización de su ayuda. Aquí hay dos instrumentos posibles: la constitución de un consejo asesor del proyecto con dos o tres de los *business angels* o a través de la aportación individual como *senior advisor* del proyecto.

El participar en cualquiera de esos instrumentos en un proyecto fresco es maná en ambas direcciones. Para la empresa significa aprovechar los activos del exdirectivo a coste cero, ya que el retorno al profesional vendría por el éxito del proyecto, y al profesional lo sumerge en un proyecto que ha buscado libremente y que le aportará un propósito existencial cuyo mayor problema será el de la dedicación. Además, le sacará de su zona de confort aprendiendo de un nuevo negocio, o de nuevas tecnologías, o incluso le permitirá convivir con una nueva generación de jóvenes y no tan jóvenes emprendedores.

En este punto quería comentar que, cuando se habla de ecosistema emprendedor, tendemos a pensar en gente muy joven, pero está acreditado que en nuestro país hay un colectivo importante de emprendedores *senior*, tema al que dedicaremos un siguiente capítulo.

Muchos profesionales de los consejos nos han reconocido que participar en un proyecto de *startup* les genera un aprendizaje que les aporta luego mucho valor en otros entornos.

¿Qué tiempo le debo dedicar?
¿Cuántos proyectos debo asumir?

Una de las claves de este modelo es establecer el nivel de inversión, pero también el nivel de dedicación. Puede llegar a ser tan envolvente y motivador que el profesional que ha elegido esta vía se vuelque en ella y viva los proyectos como si fuera el emprendedor, y deberá entender que el protagonismo no deberá ser suyo, el *business angel* está para ayudar financieramente, y para ayudar con sus activos, pero no es su proyecto, como comentamos anteriormente, es tan motivador que estos proyectos lo envuelven. Por tanto, no es de extrañar que los directivos que han optado por esta vía para la canalización de su actividad en la segunda carrera sean tan felices. Además, es una vía que son ellos los que eligen, no como otras que alguien les tiene que ofrecer la oportunidad. En este caso, el profesional es el que elige el proyecto.

El propósito trascendente para el *business angel*

La riqueza de los países depende de la competitividad de sus empresas, pero para que haya empresas de éxito tiene que haber nuevas empresas, el ciclo de vida de la empresa pasa por nacer, crecer, madurar…, por ello es fundamental que permanentemente haya muchos proyectos empresariales, algunos crecerán, algunos serán luego empresas medianas que serán compradas por el mercado, hasta alcanzar grandes empresas, pero el origen son los nuevos proyectos empresariales en los que aflore la innovación y el talento emprendedor. Formar parte del origen de toda la cadena de valor de nuestra comunidad de negocios es también un propósito trascendente para los directivos en su «segunda carrera», que con su participación están contribuyendo a la generación de riqueza actual y futura.

EL EMPRENDIMIENTO *SENIOR*

En este capítulo abordaremos una alternativa controvertida y poco utilizada, pero que podría contribuir a la creación de riqueza a partir de los activos del directivo que ha finalizado su carrera ejecutiva. Se trata de emprender un negocio.

Como ya hemos comentado, las diversas alternativas de segunda carrera pueden valorarse en función de tres variables: riesgo, dedicación e implicaciones financieras (necesidades de inversión y retorno económico esperado).

El emprendimiento «*senior*» es una opción que implica riesgo, una muy alta dedicación, cierta inversión y el retorno económico dependerá del resultado del proyecto emprendido.

La mayor parte de los directivos han sido empleados por cuenta ajena, empleados muy cualificados, pero siempre han estado contratados por sus empleadores. Es posible que, en algún caso, el directivo haya hecho algún proyecto propio en algún momento de su carrera, pero la gran mayoría no lo ha hecho. Lo que sí habrán tenido son tentaciones de montar su propio proyecto. La mayor parte de los directivos habrán pensado en ser «su propio jefe», «no depender de nadie», «no tener que reportar, ni siquiera a un consejo que te pide explicaciones y que te exige más y más», pero muchas veces, en el análisis entre la opción dc scguir sicndo directivo al servicio de un proyecto de otros y la de emprender un proyecto propio, ha ganado la opción de la continuidad, más segura y con resortes conocidos.

Pues bien, se presenta como una de las opciones del día después el «emprender» y así tener un proyecto que te permita seguir activo, es más, estar posiblemente «más activo» que antes durante los próximos años, pero a la vez más ilusionado.

Esta opción es más recomendable para los directivos que salen de la función ejecutiva con menor edad, ya que tendrán más energía y menores riesgos de salud, que aquellos otros que son más *seniors*.

También parece más recomendable esta opción para aquellos profesionales que tienen un cierto patrimonio acumulado, frente a otros que no disponen de él porque, lógicamente, habrá que invertir en el proyecto parte de ese patrimonio y hay que estar muy seguro de la decisión emprendedora.

Además, el retorno económico, las rentas de actividades empresariales en forma de honorarios o de dividendos o, incluso más tarde, de plusvalías, no es inmediato, tendrá que pasar un tiempo para que el proyecto fructifique y, por tanto, deberá tener un colchón financiero que le permita mantener su nivel de gasto hasta que el proyecto le genere ingresos.

Podemos preguntarnos cuántos emprendedores *seniors* (de cincuenta y cinco años o más) tenemos en nuestro país, y la respuesta depende de qué se entiende por emprendedor. Si se trata simplemente de tener una actividad por cuenta propia, tenemos en nuestro país un millón de «emprendedores *seniors*», lo que supone más o menos un 23 % del trabajo de esta franja de edad. Es decir, uno de cada cuatro trabajadores *seniors* es emprendedor frente a tres de cada cuatro que son trabajadores por cuenta ajena. Ese millón de emprendedores *seniors* por cuenta propia suponen el 31 % del total de emprendedores, es decir, uno de cada tres emprendedores son *seniors*.

Esta definición de emprendimiento incluye tanto a aquellos que ponen en marcha un proyecto empresarial, contratando al menos a un empleado, como a aquellos otros que se «autoemplean», creando o no una sociedad mercantil, puesto que en muchos casos constituyen una sociedad patrimonial o como instrumento de facturación de sus servicios, pero sin pretensión de poner en marcha un proyecto empresarial como tal con empleados que lo desarrollen.

Si nos acogemos a la definición más restrictiva de «emprendedor» como aquel que pone en marcha un proyecto empresarial con vocación de crecimiento y con equipo (al menos un empleado), nos encontramos con aproximadamente 345.000 emprendedores *seniors*. Sin embargo, la mayoría de ellos han sido también empresarios en su «carrera anterior». Es decir, que han tenido esta vocación de emprendimiento antes de ser *seniors* y, cuando lo han sido, se mantienen como tal, muchas veces hasta más allá de los setenta años (la práctica totalidad de los profesionales que siguen activos más allá de los setenta años son profesionales por cuenta ajena y con proyecto empresarial propio). Incluso muchos de ellos tienen dificultades para la sucesión o la venta de su negocio y, en algunos casos, se sienten «atrapados» por el proyecto.

Aunque es difícil cuantificar cuántos nuevos emprendedores *seniors* existen, podemos acudir a la encuesta APS (Adult Population Survey), que elabora anualmente en todos los países el GEM (Global Entrepreneurship Monitor) y que analiza precisamente el peso que tienen los nuevos emprendedores, aquellos que han puesto en marcha un proyecto en los últimos cuarenta y dos meses (tres años y medio).

Este estudio, el más importante sobre emprendimiento que se realiza a nivel global, no tiene en cuenta a los emprendedores de proyectos consolidados, lo que analiza es la

TEA (tasa de nuevo emprendimiento), que es el número de nuevos emprendedores sobre el total de efectivos. Pues bien, de los 4.727 *seniors* entrevistados en 2019, solo 199 habían acometido un proyecto de emprendimiento en los últimos cuarenta y dos meses, lo que genera una TEA de 4,2 %, pero si descontamos los que no piensan crear ningún puesto de trabajo, la cifra se reduce a la mitad, tan solo 103 piensan contratar al menos a un empleado, lo que lleva a la conclusión de que estamos ante una figura muy poco utilizada en esta fase de trayectoria profesional y de edad.

En esta opción de emprendimiento en la segunda carrera hay varias opciones para darle forma.

La primera es la de hacer un *management buy out* del negocio que gestionan. Algunas veces los propietarios de un negocio se encuentran en el atolladero de qué hacer con el mismo, puede haber problemas de sucesión o, simplemente, hay una causa inesperada que hace que el proyecto sea un problema para la propiedad. Entonces, el equipo directivo puede postularse para liderar su compra, con la ayuda de una financiación que permita salir a la propiedad. Esta opción se da antes de la salida del directivo del proyecto y lógicamente lo ata más al mismo a partir de ese momento, que, además de directivo, será propietario y estará en el órgano de gobierno de lo que ahora será «su proyecto». Hay directivos que han intuido que esta era una opción posible y la han gestionado para que ocurra, convenciendo a la propiedad y buscando la financiación externa para ejecutar la operación, lógicamente a partir de un plan de negocio creíble y positivo para el proyecto.

Otra opción de emprendimiento es la de convertirse en franquiciado de un negocio. El modelo de franquicias se ha desarrollado mucho y es una opción interesante ya que el franquiciador hace una labor de mentorización al emprendedor, guiándolo en cómo gestionar el negocio. Muchos temas le vienen dados: marca, instalaciones, etc., aunque lógicamente el emprendedor/franquiciado es quien asume el riesgo y tiene que gestionar su proyecto. Para aquellos directivos que quieran ir hacia este modelo, deben saber que hay muchas empresas ya en nuestro país de esta naturaleza en sectores como la hostelería, los hoteles, los seguros e incluso la banca, y que cada empresa franquiciadora tiene un modelo económico de relación distinto con sus franquiciados. Es importante hablar antes de este modelo de negocio. En general, lo que he observado es que la probabilidad de éxito es mayor si el directivo proviene de la misma actividad que si entra en una actividad completamente distinta a la de los negocios que haya gestionado en su vida ejecutiva. Hay casos tremendamente exitosos en nuestro mercado, pero también hay muchos directivos que han invertido parte de su patrimonio en emprender en proyectos como franquiciado y han fracasado, lo que supone un deterioro importante en el patrimonio que deberá financiarle el resto de su vida.

Finalmente, está la opción del emprendimiento «real» de crear un proyecto empresarial partiendo de cero por parte de un profesional *senior* en su segunda carrera. Existen casos de muchísimo éxito de emprendedores *seniors*, como la empresa de productos de cosmética Mary Kay o la de helados Ben & Jerry's, cuyos fundadores emprendieron estos proyectos a edades avanzadas. Estos son algunos ejemplos de que «nunca es tarde» para emprender, para poner en marcha un sueño personal con el que contribuir a crear riqueza en su comunidad.

El directivo que está planteándose su segunda carrera y que considera esta opción, deberá estar muy seguro de su proyecto a la hora de emprender. Tiene que creer en el proyecto y tener un cierto patrimonio previo para invertir, pero, además, tiene que asegurar que cuenta con las competencias requeridas para el éxito y que no son necesariamente las mismas que las requeridas para la función ejecutiva. Algunas competencias claves identificadas por el psicólogo McClelland en los emprendedores son:

1. Iniciativa y búsqueda obsesiva de oportunidades, viendo oportunidades donde otros no las ven.
2. Persistencia y no caer en el desánimo, adaptando su negocio a las condiciones cambiantes del entorno.
3. Hacer lo que hay que hacer, cumpliendo con los compromisos que asume.
4. Entusiasmo y orgullo por su trabajo, buscando hacer las cosas de manera competitiva respecto a otros en el mercado. No le tiene que asustar la competencia.
5. Capacidad de asumir riesgos, con cierto grado de análisis, pero no le tiene que temblar la mano a la hora de tomar decisiones que comporten un cierto nivel de riesgo. Asumir que no todo es predecible.
6. Saber a dónde se quiere llegar, estableciendo una hoja de ruta.
7. Lectura del mercado, búsqueda de información, rodearse de personas de confianza para trabajar o simplemente como consejeros.
8. Planificación y seguimiento de los avances de los temas por parte del equipo, definición de metas, responsabilidades y petición de explicaciones.
9. Capacidad de persuasión y contar con una red de contactos. Los emprendedores deben tener gran capacidad de influencia sobre otros y deben contar con una fuerte red de contactos en los que apoyarse para llegar a donde tengan que llegar.

10. Autoconfianza. Los emprendedores deben creer en sí mismos, en sus capacidades para alcanzar las metas propuestas. Tienen que ser profundamente optimistas, no dudar en ningún momento sobre el proyecto. No les gusta que nadie les controle, ni reportar a nadie. De hecho, hay una cierta rebeldía en su proyecto. Una necesidad básica de independencia, de hacer lo que quiera sin condicionamientos de terceros.

Sería deseable que hubiera más directivos que tomaran este camino al finalizar su carrera ejecutiva por cuenta ajena, lo cual generaría más riqueza, pero, evidentemente, es una opción de riesgo y hay que tener un cierto nivel de patrimonio, además de unas competencias de emprendimiento que no todo directivo posee. La oportunidad está ahí y un pequeño porcentaje de los directivos hacen este tránsito. Ha habido fracasos, pero también hay ejemplos de gran éxito en esta opción de «segunda carrera».

LAS ACTIVIDADES DOCENTES EN LA SEGUNDA CARRERA

En este capítulo abordaremos una alternativa que, aunque es poco elegida, suele ser muy satisfactoria. Se trata de la docencia, de la transmisión de conocimientos y experiencias a las futuras generaciones.

Dos activos muy valiosos que posee el directivo cuando finaliza su función ejecutiva e inicia su «segunda carrera» son los conocimientos y las experiencias que ha ido adquiriendo durante toda su vida profesional.

Respecto a sus conocimientos, los ha ido acumulando desde su etapa formativa en la universidad, su paso por escuelas de negocio, las universidades corporativas por las que ha pasado en los diferentes proyectos empresariales y los cursos que ha recibido de entidades certificadoras, consultoras, etc., con las que se ha ido topando a lo largo de muchos años. Estamos hablando de muchos años de acumulación de conocimientos, desde pongamos los dieciocho años, sin entrar en etapas anteriores de la educación, hasta los cincuenta y cinco o la edad en que cada directivo finaliza su carrera ejecutiva. Desde luego, un caudal de conocimientos que, además, ha tenido que ir actualizando.

Y, por otra parte, están las experiencias que también ha acumulado como consecuencia de los proyectos en los que ha participado. Actualmente, están saliendo del mercado ejecutivo los directivos del *baby-boom* español nacidos en los años cincuenta y los años sesenta, que han rotado poco entre proyectos. De hecho, hoy todavía podemos encontrar directivos que han hecho toda su carrera en una única empresa, desde «becario» o primer empleo hasta en algunas ocasiones haber sido su CEO. Esto seguramente será diferente en futuras generaciones de directivos que, al menos en sus primeros proyectos, habrán rotado mucho.

En cualquier caso, a través de estos proyectos han ido acumulando experiencias. Cada directivo habrá tenido las suyas propias. Unos habrán vivido procesos de gran crecimiento, otros habrán vivido reestructuraciones para salvar la compañía, otros habrán comprado sociedades y sabrán lo que es una adquisición como comprador, otros habrán sido comprados y sabrán también cómo es una adquisición como comprado, otros habrán hecho carreras internacionales, otros sabrán cómo es trabajar en una mediana empresa, mientras que otros su experiencia será la de una gran corporación. Cada directivo tiene unas experiencias que son tremendamente valiosas por un hecho y es que, al ser las empresas sociedades de personas, estas suelen comportarse de la misma manera en determinadas circunstancias, por lo que es frecuente que se repitan los errores, las dinámicas, y el directivo sabrá, desde su experiencia, lo que funciona y lo que no.

En definitiva, un directivo que finaliza su carrera ejecutiva tiene en su cerebro un montón de conocimientos y experiencias que puede poner en valor en su «segunda carrera».

Una de las vías para transmitir ese cúmulo de conocimientos y experiencias es la de convertirse en docente.

La docencia, palabra de origen latino que hace referencia a «enseñar», es un acto de generosidad y ayuda en la que alguien que posee un conocimiento o experiencia (el docente) se lo transmite a otra persona que desea «aprenderlo».

La docencia es una actividad de impacto a medio y largo plazo. Impacto sobre personas concretas (los alumnos) y sobre la sociedad en función de cómo aquellos alumnos actúen en el futuro en todos los ámbitos de la vida.

El docente es el profesional de la enseñanza y engloba desde los maestros de primaria hasta los profesores de idiomas.

En este punto hay personas que tienen mayor o menor vocación docente, es decir, que les gusta más enseñar a otros que otras personas. Es por ello que algunos profesionales y directivos han sido docentes durante parte de su carrera ejecutiva, seguramente lo habrán sido con muchas dificultades de agenda, habrán tenido que dar explicaciones en sus empresas y, desde luego, no lo habrán hecho por razones económicas, ya que la docencia en nuestro país, incluso en los niveles más altos del sistema, está muy poco reconocida y valorada. Esos directivos que compaginaron vida ejecutiva y actividad docente tendrán muchas más facilidades para incorporar en su paleta de actividades la docencia que aquellos otros que no la han simultaneado durante su carrera profesional y ejecutiva.

El docente tiene diversas denominaciones, dependiendo del contexto, profesor, maestro, formador, instructor, pero todas ellas hacen referencia al hecho de enseñar, es decir, a facilitar el aprendizaje de conocimientos y experiencias a otros.

Vivimos en un continente y en un país que dedica muchos recursos a la educación, siendo incluso un derecho constitucional[4], de hecho, es una de las grandes

---

4   El artículo 27 de la Constitución española reconoce dicho derecho: «Todos tienen el derecho a la educación».

partidas públicas del Estado, además de los recursos privados que se dedican a ella, y de los presupuestos corporativos. Dedicamos muchos recursos, otra cosa es si están bien gestionados y tenemos el modelo adecuado para generar profesionales competitivos y ciudadanos libres, pero ese es otro debate.

Podríamos decir que la educación tiene unas etapas básicas y obligatorias: la educación primaria y la educación secundaria obligatoria. Durante diez años, entre los seis y los dieciséis años, los niños y jóvenes reciben conocimientos generales en materias troncales sobre las que construir posteriormente otros conocimientos más específicos.

Posteriormente, empiezan a ramificarse los estudios, estando por una parte los de bachillerato, que están orientados hacia la universidad, y por otra los estudios de formación profesional de grado medio.

Después, con más o menos dieciocho años, se da el salto a los grados universitarios, terminología pos-Bolonia, que sustituyen a las antiguas licenciaturas e ingenierías, o a los estudios de formación profesional de grado superior.

Tras los estudios de grado universitario, los jóvenes, con unos veintidós años, tienen la opción de empezar a trabajar, hacer un máster universitario, también nacido tras los acuerdos de unificación que supuso el Espacio Europeo de Educación Superior, más conocido como Bolonia, o iniciar los estudios de doctorado para aquellos que vayan a dedicarse al mundo académico que conjunta docencia e investigación.

La mayoría de los profesionales que después serán directivos seguramente habrán hecho un grado y posteriormente un máster habilitante para el mercado laboral, siendo menos los que opten por los estudios de doctorado.

Y posteriormente a los estudios universitarios, tendrán también la opción de acceder a estudios que imparten las «escuelas de negocio», que son centros de formación privados, en algunos casos adscritos a una universidad, en los que se imparten programas máster de *business administration* (MBA) y que son títulos propios no oficiales muy valorados por el mercado. De hecho, prácticamente la totalidad de los directivos que salen hoy del mercado ejecutivo habrán hecho algún programa en alguna de las mejores escuelas de negocio. En este punto hay que comentar que tenemos la ventaja de contar en nuestro país con unas muy competitivas escuelas de negocio a nivel global y que contrastan con el nivel competitivo internacional de nuestras casi noventa universidades.

Igualmente, surgen nuevos espacios y proyectos de formación a raíz de nuevas necesidades. Así, por ejemplo, han surgido «escuelas de negocio» de naturaleza digital para ayudar a profesionales y directivos a adquirir «competencias digitales», muchas veces en competencia con las *business schools* de siempre.

Además, hay un gran número de instituciones que ofrecen formación específica en determinadas materias, algunas acreditaciones internacionales en diferentes materias, desde finanzas hasta calidad, así como otras que lanzan continuamente programas de formación en temas específicos, todos ellos son de naturaleza privada.

Cuando un directivo se plantea que entre las actividades de segunda carrera quiere dedicar un espacio a la docencia, tiene que pensar muy bien a qué nivel de la formación quiere orientarse.

A partir de aquí habría que compartir algunas consideraciones.

Es más fácil hacer esta actividad para aquellos directivos que ya han sido docentes, incluyendo los que hicieron un doctorado e incluso aquellos que tengan la «acreditación»[5] como tales para formar en títulos oficiales universitarios.

Los conocimientos y experiencia que posee un directivo son más útiles en los programas más altos del sistema educativo. Esto implica que solo tendría sentido dedicar ese caudal de saber a los programas de universidades, escuelas de negocio y otros centros orientados a directivos.

En la mayor parte de los grados y los programas de másteres universitarios de las universidades públicas, será muy complicado su incorporación, salvo que ya se tenga relación con la universidad pública correspondiente, por ejemplo, a través de los consejos sociales o similares. En cualquier caso, se debe tener en cuenta que el cuerpo de profesores que conforman los claustros internos de las universidades públicas no suele ser muy acogedores con los profesores del claustro externo, como es el caso, a través del instrumento de los contratos de «profesor asociado».

Es mucho más fácil orientarse hacia las universidades privadas, que suelen estar más ávidas de contar con docentes que vienen del sistema productivo, tanto para los títulos de grado como de másteres y títulos propios.

Igualmente, es interesante acercarse a las empresas certificadoras y acreditadoras nacionales o internacionales para ser docente de aquellas y que suelen ser muy sectoriales o estar pegadas a determinadas áreas funcionales.

5　La «acreditación académica» es un documento que emite la ANECA (Agencia Nacional de Evaluación de la Calidad y Acreditación), dependiente del Ministerio de Educación, o las agencias evaluadoras del sistema universitario al que pueden optar los profesores que son doctores y que se supone que es un proceso de verificación de su calidad docente con base en sus méritos.

La incorporación de la actividad docente en la paleta de actividades de segunda carrera no se debe hacer por razones económicas, sino por razones vocacionales y, en menor medida, reputacionales. El retorno para el docente es de satisfacción personal, más parecido al voluntariado que a otras actividades como las que hemos ido describiendo. Algunos componentes de retorno, además de la propia satisfacción, para el profesional son:

- Estar en contacto con nuevas generaciones.
- Estar al día en términos de nuevos conocimientos.
- Formar parte de un claustro externo y sentirse «parte de algo» (pensemos que muchos profesionales en su segunda carrera tienen un problema de sentimiento de pertenencia, ya que están en varios temas, pero, tal vez, en muchos casos, no le hacen sentirse parte del proyecto).
- Ser docente de un centro de prestigio genera reconocimiento en la comunidad de negocios. Aporta valor a sus manifestaciones.
- Si es docente de programas muy superiores y de alto reconocimiento, puede estar en contacto, y en una posición de «superioridad» frente a decisiones en activo, que pueden contar con él para sus proyectos. En este punto, muchos profesores de escuelas de negocio de prestigio actúan como consejeros, miembros de consejos asesores o *senior advisors* de empresas que conocieron a sus presidentes o ejecutivos en sus propias aulas y que luego los invitaron a formar parte de sus propios proyectos.

Es crítica la adecuada elección de los entornos en los que formar. Deben aportar valor al docente, recordemos que no lo hará por dinero, sino por vocación, y por estas razones expuestas, por tanto, debe elegir bien aquel centro y aquel programa que más valor le pueda aportar.

El prestigio de un centro se lo aportan sus docentes y sus alumnos. Los centros educativos son los que seleccionan tanto a unos como a otros.

En la función docente es bien sabido que es clave el «estado de ánimo» del docente, pues bien, hoy hay un exceso de programas en los que apenas hay selección de los alumnos y, en muchas ocasiones, los realizan por «obtener un título» no por el propósito de «aprender», y esto genera actitudes en el aula muy frustrantes para el docente.

Igualmente, en los últimos años y mucho más tras la pandemia del 2020, han proliferado los programas de formación *online* en todos los niveles del sistema educativo superior. En algunas ocasiones combinados con presencialidad (*blended*) y en otras ocasiones cien por cien *on-line*. Estos programas adolecen de la conexión personal del aula y tienen para el directivo en su segunda carrera un atractivo relativo por varias razones:

- La relación del docente con el alumno y el aula es más fría y distante.
- Es necesario aprender y dominar una herramienta que proporciona la universidad o la escuela de negocios, que es específica para gestionar todo el proceso y que requiere un cierto dominio para tratar de simular la actividad docente presencial.
- En muchas ocasiones, existe menor interés en la audiencia por lo que diga el docente y están más interesados en cumplimentar las actividades individuales o de grupo que son calificables.
- El hablar durante el tiempo que duran las clases ante una pantalla suele ser un ejercicio mucho menos atractivo que la interacción del aula.

– En general, son considerados todavía «títulos de segunda».

Sin embargo, cuando se imparten clases en entornos serios, que tienen prestigio y, por tanto, pueden hacer una buena selección de sus alumnos ofreciendo sus aulas a aquellos que realmente quieren aprender, y se puede desarrollar la magia del aprendizaje en la que el docente enseña y el alumno aprende, y se ve cómo aflora el talento en una pregunta, o se siente el despertar del alumno a nuevos conocimientos y experiencias, se genera una sensación difícilmente explicable con palabras.

Por todo ello, un factor crítico es la selección del entorno educativo en el que desarrollar esta actividad docente, asegurando contar con alumnos con genuino interés por aprender.

Una derivada de la actividad docente es la dirección de un centro de investigación, de un departamento, cátedra o programa de una universidad (privada) o de una escuela de negocios. Esta es una opción muy atractiva que han seguido algunos directivos en su segunda carrera y que mezcla la actividad docente anteriormente descrita con la de gestión, lo que genera diversas actividades con impacto desde dicho centro, departamento, cátedra o programa. En este caso, el *fundraising*, para disponer de recursos para financiar dicha actividad es clave y podrían ser incluso aportados por la sociedad donde el directivo ejercía su carrera ejecutiva y este tipo de ayudas formar parte de su negociación de ayuda tras su salida, a cambio de proporcionar un retorno reputacional a su sociedad tras su salida. Esta es una actividad muy apropiada para directivos en su segunda carrera por el componente de gestión y relaciones que aporta.

En definitiva, la actividad docente puede ser de gran interés para la segunda carrera del directivo siempre que haya una base vocacional y que se elija adecuadamente el centro y el programa en el que desarrollar la actividad buscando tanto la satisfacción personal del impacto social generado como la reputación.

EL MUNDO DE LAS ASOCIACIONES
Y FUNDACIONES

En este capítulo vamos a comentar las oportunidades que el mundo de las fundaciones y las asociaciones proporciona a los directivos en su segunda carrera.

Antes de nada, recordemos que un directivo que finaliza su carrera ejecutiva en una empresa acumula una serie de activos (conocimientos, experiencias, marca personal y red de relaciones) que son muy útiles aplicados en otros entornos, uno de ellos son las fundaciones y las asociaciones.

Una fundación es una organización cuyo fin es de naturaleza altruista y que no tiene ánimo de lucro, sino que tiene un interés general, normalmente trata de llegar allá donde no alcanzan las administraciones y ese interés general se constituye como su propósito.

Las fundaciones se ponen en marcha mediante uno o varios «patronos» que aportan un patrimonio fundacional, siendo su cuidado una de las actividades que desarrollar. Además de los patronos, pueden recibir ingresos de «donantes» o incluso ayudas públicas, pero la idea es que todos los recursos están orientados a desarrollar una actividad no lucrativa y de «interés general».

En nuestro país hay registradas unas trece mil fundaciones, aunque habría que distinguir las que están «activas» y que son, aproximadamente, unas nueve mil. Según datos del estudio que realiza la Asociación Española de Fundaciones[6], generan unos cien mil empleos directos y movilizan indirectamente a otras cien mil personas entre empleos indirectos, los propios patronos y los voluntarios que colaboran con ellas.

Las fundaciones son la versión moderna de otras instituciones que, tradicionalmente, han canalizado las actividades caritativas y de beneficencia y han sido reguladas como tales, dotándolas de una personalidad jurídica propia, en las sociedades más desarrolladas, formando una pieza clave de la sociedad civil[7]. El hecho de tener un propósito de interés general y no tener un interés de lucro no les impide llevar a cabo actos de comercio, como facturar determinados servicios, contratar empleados o pagar a proveedores.

El ecosistema español de fundaciones es muy amplio y cuando nos acercamos a él es preciso estructurarlo para no perdernos; así, podríamos clasificar las fundaciones en función de su origen (público o privado), en función de su propósito y en función de su tamaño e impacto.

En el caso español, las fundaciones están adscritas a distintas administraciones en función de su sede social y de su propósito. Así, hay fundaciones vinculadas con comunidades autónomas o con organismos estatales como diversos ministerios. Esto genera una dificultad de identificación por la diversidad de registros.

---

6   La Asociación Española de Fundaciones agrupa a una parte de las fundaciones de nuestro país y elabora, a través del Instituto de Análisis Estratégico de Fundaciones, el informe «El sector fundacional español: datos básicos», que describe la evolución de estas organizaciones en nuestro país.

7   La primera Ley de Fundaciones en España es de 1994.

Al igual que ocurre con las empresas, predominan las fundaciones pequeñas y con pocos recursos.

Los fundadores de una fundación pueden ser personas jurídicas (administraciones, asociaciones, sociedades mercantiles o incluso otras fundaciones) o personas físicas, y en sus órganos de gobierno (patronato) pueden convivir ambos tipos.

La característica principal de una fundación es que deben tener un propósito de «interés general». Su propósito y, por consiguiente, sus áreas de actividad, sus proyectos, están relacionados con las siguientes temáticas por orden de importancia:

- Cultura.
- Investigación.
- Servicios sociales.
- Educación.
- Salud.
- Empleo y formación.
- Desarrollo socioeconómico y comunitario.
- Medio ambiente.
- Desarrollo y cooperación internacional.

Como hay muchas pequeñas fundaciones con recursos limitados, su ámbito de actuación suele ser más local y hay pocas con foco internacional.

Las fundaciones tienen su sentido porque ayudan a una parte de la población que se convierte en «beneficiaria» de sus actividades, bien como usuaria de unos servicios, bien como receptora de unos recursos. Por otra parte, a veces las fundaciones tienen un fin más relacionado con la gestión de iniciativas de impacto, otras tienen un fin de canalización de recursos y otras un fin más de «sensibilización» sobre una temática determinada.

Los directivos, cuando se plantean su «segunda carrera», pueden considerar su participación en las fundaciones a tres niveles: como patronos, como directivos de aquellas o como «voluntarios».

Ser patrono de una fundación significa estar en el máximo órgano de gobierno de una fundación, asumiendo todas las responsabilidades de sus actuaciones y asegurando que el equipo de gestión cumple con el propósito y que se ajusta a las restricciones presupuestarias de su balance. Igualmente, el patronato tiene la función de seleccionar el equipo directivo de la misma, aprobar los presupuestos y firmar sus cuentas. Su misión es muy similar a las del órgano de gobierno de una sociedad mercantil.

Para cumplir esta misión, el directivo debería formarse en gobierno corporativo de fundaciones, ser muy consciente de sus funciones y responsabilidades y, por supuesto, estar totalmente comprometido con el «propósito» de la misma.

Otra vía de vinculación con una fundación es la de formar parte de su equipo directivo. Esta es una alternativa bastante frecuente, especialmente en fundaciones que tienen ya una dimensión importante y que requieren una gestión profesional de la organización. En estos casos, la incorporación de un directivo que ha desarrollado su carrera en organizaciones posiblemente mucho más complejas resulta de gran utilidad.

También es frecuente en fundaciones vinculadas a sociedades mercantiles y en cuyo patronato está la sociedad en sus órganos fundacionales y de gobierno. En estos casos, casi siempre, la dirección ejecutiva de la fundación recae en un directivo de la sociedad en su «segunda carrera», siendo por lo general una prolongación del vínculo que le une con la sociedad.

Una tercera vía de colaboración es participar como «voluntario de a pie». Las fundaciones suelen tener un grupo más o menos numeroso de voluntarios que prestan su tiempo y sus conocimientos a la causa de la fundación a través de alguno de sus programas de actuación. Como veíamos en España, hay unos cien mil voluntarios que prestan su actividad a través de fundaciones, algunos habrán sido o incluso son en la actualidad directivos. Sin embargo, los voluntarios no tienen una contraprestación económica por su actividad, por lo que podríamos englobar esta alternativa como «actividades no lucrativas» que no generan una renta, por lo que podríamos decir que no forma parte de las actividades profesionales de la «segunda carrera». Esto no significa que no deban ser consideradas, sino todo lo contrario, los programas de voluntariado tienen valor bidireccional. El voluntario ayuda a las personas «beneficiarias» de la actividad, pero recibe la satisfacción de ayudar y lo mantiene activo, dos retornos de gran valor en esta etapa de la vida.

De hecho, el voluntariado, a través de los programas de las fundaciones es una actividad muy atractiva en esa etapa en la que se tiene tiempo y no se requiere una compensación económica.

Otra actividad con muchas similitudes es el mundo «asociativo». Las asociaciones son entidades con personalidad jurídica propia que se fundan a partir de tres o más personas jurídicas o físicas y que se vinculan para poner algo en común (actividades, conocimientos, posicionamiento en el mercado) y que, a diferencia de las fundaciones, su fin no tiene por qué ser general, siendo, en la mayor parte de los casos, un fin de naturaleza particular en beneficio de sus «socios».

Las asociaciones se desarrollan gracias a las cuotas de sus socios, así como por la facturación de servicios a terceros, como patrocinadores o directamente beneficiarios de los servicios y actividades como, por ejemplo, la organización de cursos o seminarios para sus socios y el mercado en general.

En general, podríamos decir que hay asociaciones de personas y asociaciones que fundan instituciones (empresas, fundaciones…).

Como toda entidad jurídica, tienen unas normas que se plasman en unos estatutos, así como unos órganos de gobierno (asambleas, juntas directivas, etc.). Las asociaciones en España se regularon tras la Constitución de 1978, y actualmente están regidas por una ley específica del año 2002. Todas las asociaciones están registradas por la Administración pública, que vela por sus buenas prácticas de funcionamiento. Hay algunos tipos de asociaciones que tienen un régimen especial, como son los colegios profesionales o las cámaras de comercio, pero, a efectos del tema que nos ocupa, la segunda carrera del directivo, podrían ser asimiladas al resto.

Al igual que las fundaciones, las asociaciones pueden hacer operaciones de comercio como comprar o vender, contratar empleados, adquirir inmuebles o constituir sociedades dependientes de ellas, siempre dentro de su objetivo social.

Los fines que persiguen las asociaciones son muy dispares, pero podríamos decir que responden a los intereses particulares de sus fundadores y sus socios. En los registros públicos de las asociaciones se suelen agrupar en función de sus fines en categorías como las siguientes:

- Ideológicas, culturales, educativas y de comunicación.
- Mujer, igualdad y no discriminación.
- Infancia, jóvenes, personas mayores, familia y bienestar.
- Medio ambiente y salud.
- Discapacidad y dependencia.
- Víctimas, afectados y perjudicados.
- Solidaridad.

- Económicas, tecnológicas, de profesionales y de intereses.
- Deportivas y recreativas.
- Otras.

Como vemos, se puede constituir una asociación prácticamente para cualquier cosa en la que se persiga un fin particular.

A veces, se crean superestructuras en las que se integran diversas asociaciones para perseguir un fin superior, en cuyo caso se suelen denominar «confederaciones».

Durante su carrera ejecutiva, los directivos habrán formado parte de asociaciones profesionales a título personal o en representación de la sociedad que dirigían, es el caso de las asociaciones patronales, y habrán siempre mantenido vínculos con otros directivos con los que han compartido intereses comunes. Sin embargo, normalmente las asociaciones del entorno empresarial suelen ofrecer muchas alternativas de formación, *networking*, grupos de trabajo, a los que el directivo habrá sido invitado, pero su participación, en general, habrá sido muy limitada porque su dedicación ha estado focalizada a lograr los objetivos de su negocio.

Sin embargo, en la segunda carrera, las asociaciones, especialmente las de naturaleza empresarial, los activos del directivo (conocimientos, experiencia, marca personal y contactos), son muy aprovechables y suponen una clara oportunidad profesional para su segunda carrera.

De hecho, tendrá que manejar un presupuesto, dirigir un equipo, realizar un plan de actuación y presentarlo a la junta directiva para su conformidad. También tendrá que elaborar unos estados financieros, que es su principal diferencia respecto a la actividad directiva en una sociedad mercantil, que no se persigue un beneficio ya que no hay que repartir dividendos al capital. De hecho, si hubiera superávit en sus cuentas, este se quedará en el balance de la asociación.

El directivo que se vincula con una asociación puede asumir funciones de gobierno y representación no retribuidos a partir de procesos electorales, o puede asumir funciones ejecutivas, en cuyo caso sí tienen una contraprestación económica por su dedicación al proyecto. No obstante, el nivel retributivo, si fuera este el caso, será inferior al que tenía en su carrera ejecutiva anterior. También el nivel de dedicación y estrés no será comparable por ser entidades en las que los presupuestos son menores en la mayoría de los casos en comparación con los que habrá manejado en el pasado.

No obstante, aunque estamos ante organizaciones con menos presupuestos y menos recursos que la mayor parte de los proyectos empresariales, pueden tener «complejidades políticas» con las que el directivo tendrá que lidiar para satisfacer las vanidades de los diferentes socios que la componen. Por tanto, tener inteligencia emocional o mano izquierda será muy importante en estos entornos.

En general, tanto en fundaciones como asociaciones, en la descripción del puesto de sus directivos, cobran un especial protagonismo los aspectos relacionados con la comunicación y las relaciones institucionales, por lo que la experiencia previa del directivo en estas funciones es muy relevante.

En definitiva, tanto las fundaciones como las asociaciones son alternativas muy interesantes para considerar en la segunda carrera del directivo; normalmente, son entornos más amables y sencillos que las complejidades de muchos proyectos empresariales. Siendo la mayor satisfacción el estar contribuyendo a un fin general, en el caso de las fundaciones, o un fin particular, en el caso de las asociaciones. De hecho, algunos directivos hablan del «efecto magnético» que genera trabajar para un propósito general o en beneficio de un determinado colectivo o causa.

Uno de los beneficios que el directivo obtiene en estas posiciones, tanto en fundaciones como en asociaciones, es que son espacios de relación profesional y personal a través de múltiples canales (grupos de trabajo, comisiones, seminarios, etc.), lo que le proporcionará el enriquecimiento de su red de contactos y que, en muchas ocasiones, serán de gran calidad.

SER UN GURÚ, UN *INFLUENCER*

En este capítulo vamos a explorar una opción original: convertirnos en «gurú».

Antes de nada, vamos a definir qué es eso de ser un «gurú». La palabra original hace referencia a un líder espiritual oriental, pero también hace referencia a «ser un referente, un influyente, ante un colectivo de expertos en una determinada materia», y a esta segunda acepción es a la que nos referiremos en este capítulo.

Como hemos venido reiterando, un directivo que finaliza su carrera ejecutiva tiene cuatro activos intangibles: sus conocimientos, su experiencia, su marca personal y su red de relaciones. En este caso, vamos a poner todos estos activos en una actividad muy concreta, que es convertirnos en un referente para una determinada materia ante la comunidad de negocios.

Esta opción de segunda carrera es mucho más frecuente en el entorno anglosajón que en nuestro país. Allí un directivo que finaliza su carrera ejecutiva puede considerar emprender este camino y monetizar su actividad como «gurú». Algunos ejemplos de directivos de grandes empresas que se dedican a esta actividad son Richard Branson (Fundador de Virgin), Steve Wozniak (cofundador de Apple Computer) y Doug Conant (CEO de Campbell Soup Company).

Normalmente, todo empieza por escribir un libro. Un ejemplo claro es el caso de Jack Welch, famoso líder de

General Electric (GE). Recordemos un poco su historia. Se incorporó a GE con veinticinco años, con treinta y siete ya era vicepresidente de la compañía y con cuarenta y cinco fue nombrado CEO. Estuvo veinte años al frente de GE durante los cuales consiguió quintuplicar su tamaño, y convertirla en una de las compañías más grandes del mundo. Sus prácticas de gestión fueron estudiadas en las escuelas de negocio de todo el mundo, tanto por las políticas peculiares de gestión de personas (con una discriminación muy agresiva por desempeño) como por su estrategia de crecimiento inorgánico, habiendo definido una metodología muy estructurada de adquisiciones de empresas, así como de desinversiones de proyectos menos rentables.

Se retiró de la compañía a los sesenta y cinco años y empezó entonces su «segunda carrera» como gurú del *management*. Para ello, escribió un primer libro, *Hablando claro*, y a partir de su publicación empezó a dar conferencias en la comunidad de negocios de su país, llegando a tener gran proyección internacional.

Cuatro años más tarde, escribió *Ganar*, que le permitió seguir la actividad de conferenciante, que compaginaba con sus intervenciones puntuales en escuelas de negocio.

Finalmente, escribió una tercera obra junto a su mujer Suzy: *El MBA para la vida real*, con la que siguió impartiendo conferencias por todo el mundo. Se estima que, desde que se retiró como CEO de GE en 2001 hasta su fallecimiento en 2020, lo escucharon más de doscientas cincuenta mil personas en directo en todo el mundo.

También montó una empresa de formación en la que enseñaba a los participantes de sus cursos los métodos de gestión que él desarrolló en su etapa al frente de GE. Esta metodología de formación la denominó Welch Way y forma parte de su legado.

Normalmente, la actividad de un «gurú» consiste en compartir conocimiento y experiencia a una extensa red de seguidores. Para ello, es necesario tener un conocimiento o experiencia «diferencial» y de acreditado valor. Muchos gurús provienen del entorno académico, han desarrollado teorías desde un determinado campo con utilidad en la comunidad de negocios, por ejemplo, son profesores de universidades o escuelas de negocio y son conocidos por haber desarrollado un concepto, pero, en el caso de los directivos, suelen compartir sus propias experiencias de gestión. Para ello, dichas experiencias deben haber sido reconocidas como efectivas para que otros quieran conocerlas en detalle y aplicarlas en su propia gestión, además de ser, bien el ejecutivo, bien la empresa que ha dirigido una marca reputada en la comunidad de negocios.

En España hay pocos directivos que hayan emprendido este camino en su segunda carrera, tenemos mucho más pudor a la hora de comunicar y son muy pocos los directivos que se orientan por esta alternativa. Así, si analizamos los «conferenciantes más famosos», encontramos pocos directivos, y es mucho más frecuente la presencia de periodistas famosos, actores, deportistas, académicos, médicos, políticos, presentadores de televisión, humoristas, etc.

El mundo de los conferenciantes suele estar intermediado por agencias especializadas que ofrecen los servicios de dichos profesionales, existiendo agencias internacionales y otras más locales[8]. Algunas de las agencias son solo de conferenciantes y en otros casos se trata de empresas organizadoras de eventos y que incluyen a conferenciantes dentro de su actividad.

---

8   Algunas de las más importantes agencias de conferenciantes son Thinking Heads, BCC, London Speaker Bureau, Espectalium, Tuset Eventos, MT Conferenciantes, Eventeas y Executive Speaker Bureau.

Los ingresos obtenidos a través de esta actividad son muy variables y dependen de la marca personal de cada profesional. Algunos directivos españoles en su segunda carrera que ofrecen las agencias de conferenciantes son Luis Pardo (ex-CEO de Sage), Adolfo Ramírez (ex-CTO del Santander), Isabel Aguilera (ex-CEO de Google y NH Hotels) o Adolfo Domínguez.

Los directivos que en su segunda carrera quieran desarrollar esta línea de actividad debe tener en cuenta algunas claves.

Deberá publicar al menos un libro que avale su tesis, sabiendo que los derechos de autor son escasos y que los ingresos derivados de esta actividad son limitados. Sin embargo, aportará un gran valor reputacional y le acreditará ante la comunidad.

Tendrá que asegurar que posee unas altas habilidades de comunicación. Debe saber estar en un escenario, conectar con el público y disfrutar de la experiencia de la comunicación masiva, habilidades que, posiblemente, deberá pulir con un experto en comunicación. Para ello, puede contar con programas de formación específicos que suelen proporcionar las grandes agencias de comunicación como Atrevia.

Además, deberá hacer un gran esfuerzo por estar informado y actualizado. Como ya hemos comentado en alguna ocasión, el mayor problema cuando finaliza la carrera ejecutiva es que se para el desarrollo de los activos del directivo (conocimientos, experiencias, marca personal y red de contactos). El profesional en su segunda carrera tendrá que hacer un gran esfuerzo por estar actualizado y por construir un relato de valor para la audiencia.

Para preparar una buena conferencia, tendrá que seguir los siguientes pasos:

1.º Tener claro el objetivo de la conferencia, los mensajes claves y la secuencia de ideas.

2.º Elaborar transparencias y material de apoyo con una buena combinación de imágenes y vídeos, evitando la inclusión de demasiado texto.

3.º Incorporar efectos WOW que no se esperan e incorporar comentarios de humor.

4.º Adaptar la conferencia a la audiencia concreta.

5.º Conocer el lugar y probar los equipos de audio, iluminación y de proyección audiovisual.

6.º Adaptar la conferencia al tiempo disponible en cada caso.

7.º Cuidar la imagen personal y alinearla con el contenido.

8.º Manejar bien el lenguaje corporal y conectar visualmente con los asistentes.

9.º Pensar maneras de interactuar con la audiencia durante la conferencia.

10.º Ser amable con aquellos asistentes que se acercan a la finalización tras cada intervención.

Pero también tendrá que seguir alimentando su marca personal. La marca personal tiene dos componentes: el primero es la notoriedad (cuántas personas reconocen su nombre, su actividad, su marca personal). En el caso de los directivos, la notoriedad tiene que ver con la propia notoriedad de la sociedad que ha dirigido, así como de la sensibilidad que ha tenido en materia de comunicación externa. El segundo componente es el de la reputación (qué valores se le atribuyen), y está relacionada con la trayectoria a lo largo de su carrera. Cómo es percibido por sus accionistas, sus clientes, sus proveedores, etc.

La marca personal del directivo es la que posee en el momento de finalización de su carrera ejecutiva. Esa es su marca y tendrá que hacer un gran esfuerzo para mantenerla en el futuro. Es impresionante la velocidad con la que los seres humanos olvidamos un nombre. El directivo que quiera emprender una actividad de conferenciante en su segunda carrera tendrá que hacer un gran esfuerzo de gestión de su marca personal.

Una de las tareas que tendrá que realizar es gestionar su presencia en redes sociales, ese escaparate digital que la tecnología nos ha brindado en los últimos quince años, especialmente en las redes profesionales, sin descuidar otras redes, especialmente mediante la difusión de breves vídeos, que no lleguen a los tres minutos, en los que se transmita de una manera clara y contundente un «conocimiento diferencial» y que tenga tanta fuerza que quien lo escuche desee compartirlo en sus propias redes.

Esta actividad puede ser compatible con otras alternativas de segunda carrera, como la de ser consejero, miembro de un consejo asesor, *senior advisor, business angel,* etc., pero es importante no despistarse, tener claro cuál es la actividad primaria que emprendemos y cuál no lo es.

La actividad con más sinergia con ser gurú es la docencia; de hecho, muchos profesionales combinan ambas. En este punto es importante la elección de la marca académica con la que vincular nuestra marca personal. Desde luego, no es lo mismo escribir un libro a título personal que hacerlo con el apellido de una reconocida escuela de negocios o universidad.

Aunque esta alternativa de segunda carrera es factible, tenemos que ser conscientes de que tanto el mercado editorial como el mercado de conferencias son muy limitados en nuestro país y, por tanto, es complicado tener un alto nivel de actividad y de ingresos, siendo pocos los profesionales que en su segunda carrera se dedican exclusivamente a esta actividad; por otra parte, si no se le dedica un alto porcentaje de tiempo, será muy difícil sobresalir en este mercado y ser considerado un conferenciante o gurú estrella.

En definitiva, es un mercado estrecho, poco explorado por los directivos, aunque en otros entornos es una opción válida para aquellos que pueden compartir un relato claramente «diferencial» y acreditado por el éxito previo de su gestión.

ACTIVIDADES NO LUCRATIVAS

Hasta ahora en todos los capítulos hemos ido describiendo diversas actividades generadoras de ingresos para el directivo, sin embargo, en esta ocasión, vamos a explorar las actividades no lucrativas que puede realizar en su segunda carrera.

La primera consideración que hay que hacer es que una cosa es finalizar la carrera ejecutiva y otra no hacer nada productivo. El directivo, como persona, tiene una serie de necesidades para su propio bienestar y ser feliz: tener un propósito para levantarse cada día y mantener las relaciones sociales.

Durante su vida ejecutiva siempre tuvo un propósito concreto que venía determinado por el negocio que dirigía. Su propósito corporativo era hacer más competitivo su negocio, hacerlo crecer, gestionarlo más eficientemente, y su propósito personal era desarrollarse como profesional y directivo. Con su propósito corporativo estaba contribuyendo a la generación de riqueza para otros, para sus accionistas, para sus colaboradores, para la comunidad a partir de la contribución de impuestos que su actividad generaba. Y con su propósito personal, lograba la generación de riqueza para sí y para su familia.

Igualmente, la actividad ejecutiva conllevaba un montón de relaciones sociales con otras personas, con sus accionistas o representantes de los accionistas, con los órganos de gobierno, con su equipo directo, con muchos colaboradores, con clientes, prescriptores, reguladores, proveedores, etc. Su agenda estaba repleta de actos sociales en forma de reuniones, conferencias, videoconferencias, llamadas telefónicas, etc.

En definitiva, su función ejecutiva le cubría esas dos necesidades humanas ampliamente (propósito y red social). Sin embargo, el día que deja la actividad ejecutiva, esos dos sustentos que dan sentido a la vida cambian.

Algunos directivos optan por hacer alguna alternativa del porfolio de actividades generadoras de ingresos y que hemos ido desgranando, aunque otros no, pero desde luego lo que no debería ser una alternativa es pasar a una vida sin propósito y sin relaciones, una vida amorfa y en soledad o con un número muy limitado de relaciones. Eso conduce a la depresión y a la enfermedad.

Por eso planteamos una tercera vía, una vía alternativa, que hemos denominado las actividades no lucrativas que pueden dar sentido, propósito vital y ser una nueva fuente de relaciones sociales para la nueva etapa personal que se emprende.

Ahora, en esta nueva etapa, lo que más va a tener es tiempo. Mucho tiempo diario, pero menos «reserva de tiempo». La pregunta es qué hacer con ese tiempo en el caso de no querer hacer actividades productivas generadoras de ingresos.

Una primera línea de actividad es la participación en proyectos sociales y culturales a través de los programas que ofrecen diversas fundaciones y sobre los que ya comentamos en un capítulo específico anterior.

En este entorno habría dos vías de participación sin ingresos: la pertenencia a un patronato de una fundación, asumiendo el riesgo propio de un órgano de gobierno, o la mera participación anónima como «voluntario de a pie».

Hay muchas fundaciones en las que un directivo puede colaborar, aportando sus conocimientos, experiencia y sobre todo su tiempo, por lo que es importante elegir bien la fundación con la que queremos colaborar como «voluntario» en función de su propósito y valores y, lógicamente, estar a gusto con las relaciones sociales que se van a forjar.

Ser voluntario es devolver a la sociedad parte de lo que la sociedad nos ha aportado. Los directivos son personas que se formaron como buenos profesionales y después alcanzaron la función ejecutiva por sus cualidades y su liderazgo. Son personas afortunadas que han tenido la inmensa fortuna de hacer una carrera de éxito, de haber generado riqueza para ellos mismos y para la sociedad a través de los proyectos que han dirigido. En esta etapa de la vida, parece que tiene sentido que compartan con la sociedad algunos de sus activos y de su tiempo.

Pero es que, además, esta opción le va a reportar sentido, propósito, actividad y relaciones sociales. En el fondo, es una relación de intercambio en la que ambas partes sacan un beneficio.

Otra de las actividades no lucrativas es la relacionada con el aprendizaje de «conocimientos nuevos». Todos los profesionales que han hecho una carrera de treinta o más años han tenido que elegir entre alternativas. Y por el camino han quedado alternativas que eran atractivas pero que en sus criterios de elección no fueron tomadas. Aprender un determinado idioma, aprender a tocar un instrumento musical, aprender historia, geografía o humanidades. Siempre habrá algo que nos llamó la atención, pero a lo que tuvimos que renunciar. Ahora puede ser el momento de reencontrarnos con esos aprendizajes pendientes que quedaron en algún remoto lugar del camino.

Este regreso a las aulas provoca una gran satisfacción porque nos reencuentra con una vocación latente, nos genera un propósito y nos ayuda a establecer nuevas relaciones sociales.

No son infrecuentes, tanto en España como en otros países, los directivos que en su segunda carrera aprendan cosas o hacen un doctorado en una determinada nueva materia.

Conozco casos de directivos de tecnología que han hecho su doctorado en Filosofía, otros que eran socios de auditoría que hicieron Historia o incluso una famosa fiscalista que hizo cursos de jardinería, una pasión oculta y que quedó aplastada por muchas horas de trabajo, esfuerzo y viajes durante su larga carrera profesional y directiva. Y es el momento de recuperar el tiempo. Nunca es tarde para aprender.

Además, el aprendizaje nos genera una dosis de humildad, son tantas las cosas que no sabemos, pero que podemos aprender. Hay investigación empírica que demuestra que el aprendizaje en adultos regenera las células cerebrales. Estudiar nuevas materias, como idiomas, por ejemplo, favorece la creación de nuevas rutas de asociación neuronal, lo que beneficia a la memoria a corto y largo plazo. Además, favorece la adaptación y reorganización de ideas, así como la velocidad de pensamiento. En definitiva, el aprendizaje es el mejor ejercicio de mantenimiento del órgano más importante para los siguientes años de la vida: el cerebro.

En España muchas universidades, tanto públicas como privadas, ofrecen diversos programas para mayores cuyo principal objetivo es que los *seniors* se mantengan activos intelectualmente e incrementen las relaciones sociales intergeneracionales.

Así, y a modo de ejemplo, el Programa para Mayores de la Universidad Autónoma de Madrid está estructurado en tres cursos, tiene ciento setenta plazas cada año y se imparten las dieciocho asignaturas:

- Historia de la Ciencia.
- Geografía Política en Nuestros Días.
- Breve Introducción al Derecho Penal.
- Física y Química para Entender el Mundo.
- Lengua Española, Norma y Uso.
- Conoce tu Comunidad: Geografía, Historia y Arte de Madrid.
- Grandes Acontecimientos Históricos.
- Historia del Arte.
- Evolución Biológica y Diálogo con la Naturaleza.
- Psicología: Su Estudio y Aplicaciones.
- Transformación de la Banca y los Mercados Financieros.
- Mitologías.
- Corrientes Actuales de Pensamiento.
- La Literatura a Través de sus Textos.
- La Ciencia del Futuro.
- Psicología de la Vida Cotidiana.
- El Mundo Clásico a Través de la Literatura y el Cine.
- Introducción a la Astronomía.

La gran ventaja de esta etapa es que no aprendemos para obtener un título, ni para ejercer una actividad profesional futura, aprendemos para saber algo que queremos saber y para ejercitar nuestro cerebro.

Algo parecido ocurre con la lectura de todos aquellos libros que no hemos tenido tiempo como ejecutivos de leer; la lectura nos ejercita el cerebro y nos abre las puertas a otros mundos. El directivo que ha dedicado muchas horas a su función directiva en general habrá leído poco, y lo que ha leído casi siempre estaría relacionado con su actividad más directa, y seguramente tendrá una «biblioteca pendiente» de aquellas obras que no encontraron hueco en su apretada agenda. El inconveniente de la lectura y la escritura es la pérdida de contacto social, para ello es recomendable participar en grupos de lecturas que, además de comentar una obra, se establecen unos compromisos de dedicación. También es momento para la recuperación de esta actividad o incluso para escribir aquel libro que tantas veces pensó, pero que no encontró el momento de ponerse a redactar y dejarlo como legado intelectual. Nunca es tarde.

Otra actividad para realizar en esta nueva etapa de la vida es la recuperación de *hobbies* que siempre se tuvieron, pero que quedaron aparcados para «cuando se tenga tiempo». Algunos de estos *hobbies* están relacionados con el deporte, otros con las manualidades, otros con actividades más lúdicas. El golf es un claro ejemplo de ello, y todos conocemos directivos retirados que su nuevo propósito es el golf, juegan todos o casi todos los días, viajan a nuevos campos y sus amistades se establecen alrededor de ese nuevo propósito: mejorar el hándicap. A veces, es tal la afición que puede llegar a hacerse algo obsesivo. Un directivo que está inmerso en esta dinámica me decía: «Es que ahora sueño con la bolita y con cómo mejorar el *swing*». A veces el golf, como otros *hobbies*, puede convertirse en el centro obsesivo de esta etapa.

Evidentemente, es razonable dedicar una parte del tiempo a hacer deportes para *seniors*, andar, jugar al golf, navegar, pasear al perro, etc. Lo importante es estar activo, hacer cosas que te gusten.

Otra actividad que realizan muchos directivos y que suele ser especialmente intensa en los dos siguientes años tras la finalización de la carrera ejecutiva son los viajes. Los directivos viajan mucho por razones profesionales. Seguramente es uno de los colectivos que más millas acumuladas tiene. Y no solamente por razones profesionales, parte de su consumo personal lo habrá orientado a viajar con su familia y sus amigos, pero siempre habrá lugares que no conoce y que tenga interés en conocer. Además, en esta etapa de la vida podrá viajar contrademanda; este es uno de los inconvenientes de los viajes, las puntas de demanda en los momentos de vacaciones (puentes, Navidad, Semana Santa, verano). El directivo en segunda carrera podrá disfrutar de viajes en momentos valle de demanda, lo que le generará experiencias mucho más atractivas y económicas.

En esta nueva etapa es conveniente combinar actividades profesionales con ingresos con aquellas otras como las descritas sin ánimo de lucro, pero que nos permitirán mantener el cuerpo y, especialmente, el cerebro activo.

En definitiva y a modo de conclusión, en el porfolio de actividades de segunda carrera podemos incorporar actividades no lucrativas, lo importante es:

1. Tener un propósito que nos anime a levantarnos cada día con ilusión.
2. Hacer actividades preferentemente sociales y que permitan establecer relaciones, evitando al máximo la soledad.
3. Aprender cosas nuevas.
4. Disfrutar con lo que se hace.
5. Ejercitar el cuerpo y el cerebro.
6. Y si además podemos ayudar a los demás con aquello que hacemos, mucho mejor.

LA SEGUNDA CARRERA, LA SALUD Y EL BIENESTAR

En este capítulo vamos a profundizar en el análisis de la relación entre las actividades de segunda carrera y la salud y el bienestar.

Y lo vamos a hacer desde una doble perspectiva. La importancia que tiene la salud para hacer una segunda carrera y cómo desempeñar actividades de segunda carrera pueden tener un efecto positivo sobre la salud y el bienestar del directivo en esta nueva etapa de la vida.

Es difícil hacer una segunda carrera si, cuando la podemos iniciar, no tenemos un estado bueno de salud. El llegar a los cincuenta y tres, cincuenta y cinco o sesenta años en buen estado implica haber desarrollado hábitos saludables desde muchos años antes; podríamos decir que desde el inicio de la carrera profesional.

Pero ¿qué son hábitos saludables? Haber tenido una alimentación sana, no haber consumido drogas, tabaco, alcohol u otras sustancias tóxicas, haberse hidratado adecuadamente, haber hecho ejercicio, haber tenido un sueño reparador de al menos siete horas diarias, no haber padecido estrés crónico y haber evitado el sedentarismo.

Todos estos hábitos, conocidos por toda la población, a veces son difícilmente asumibles por los directivos por diversas razones, pero la principal está en la propia agenda de lo que fue su día a día:

- Largas jornadas de trabajo.
- Viajes que robaban el sueño y alteraban los ritmos circadianos.
- Rutina sedentaria: coche-silla oficina-coche-sillón de casa.
- Almuerzos de trabajo.
- *Afterworks* diversos.
- Estrés derivado de la tensión del día a día.

Estas rutinas ejecutivas hacen que, si el directivo no ha tenido una gran fuerza de voluntad para la implantación de hábitos saludables, posiblemente al llegar el momento de la finalización de su carrera ejecutiva no tenga un estado de salud óptimo.

En este punto es interesante observar que el gasto sanitario se empieza a disparar precisamente en la etapa en la que los directivos finalizan en nuestro país la función directiva, esto es, entre los cincuenta y tres y los sesenta años. En el siguiente gráfico, elaborado por Susana Borraz de Analistas Financieros Internacionales y publicado en los *Cuadernos de Información Económica* de Funcas a partir de los datos oficiales, podemos observar el incremento que se produce de gasto en atención primaria en nuestro país en estos tramos de edad y que se dispara en las siguientes etapas de la vida.

Algunas de las enfermedades crónicas que empiezan a aparecer en estos momentos de la vida son la hipertensión, el colesterol y la diabetes. Además, es frecuente que empiecen a aparecer síntomas de enfermedades del aparato locomotor, como la artritis o la osteoporosis.

Es verdad que la dispersión puede ser muy notable, fundamentalmente por el mayor o menor cumplimiento de los hábitos saludables, pero esta dispersión se hace muy visible pudiendo encontrarse directivos de cincuenta y cinco años con enorme vitalidad y en otros casos en una situación incluso de decadencia física aparente.

Estimación de la curva de gasto en atención primaria per cápita 2017
(En euros)

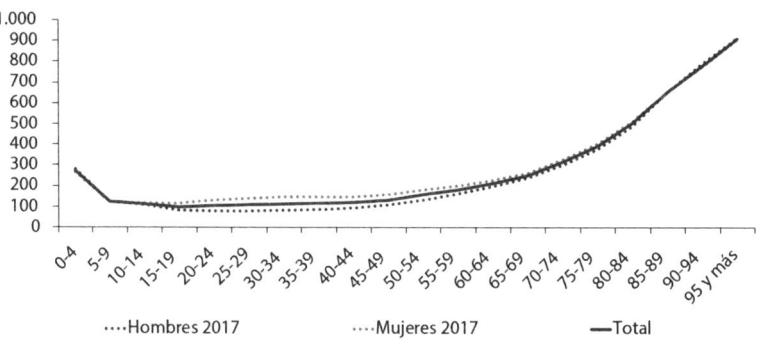

····Hombres 2017   ····Mujeres 2017   —Total

Fuentes: Portal Estadístico del MSCBS, Área de Inteligencia de gestión. SIAP (Sistema de Información de Atención Primaria), INE y elaboración propia.

Esto implica que algunos directivos, al llegar a ese momento, tendrán la disposición vital de hacer una segunda carrera o, al menos, participar en actividades no lucrativas que les mantengan activos, y que, por el contrario, otros lo único que desearán es «descansar» y pasar a una situación de inactividad.

Sin embargo, la inactividad es lo peor que puede hacer un ejecutivo en ese momento. Podrá hacer actividades generadoras de ingresos o actividades no lucrativas, pero la clave es mantenerse activo.

La actividad genera diversos beneficios. El primero es que ayuda a realizar rutinas saludables, se hace un cierto ejercicio físico, pero lo más importante es que el directivo define un nuevo propósito, tiene una razón para levantarse cada día, la actividad le permitirá mantener sus activos intangibles (conocimientos, nuevas experiencias, marca personal y relaciones sociales) y, además, le permitirá incrementar la autoconfianza a partir de un sentimiento de utilidad.

Desde luego, el cuidado de la salud y la sensación de bienestar será, tras la finalización de la vida ejecutiva, una prioridad en la agenda, tanto si se opta por hacer una segunda carrera como si se pasa a la inactividad, especialmente en este segundo caso.

Un claro ejemplo de los beneficios de la actividad lo tenemos en Francisco de Goya, el pintor que vivió a caballo de los siglos XVIII y XIX. Goya vivió ochenta y dos años cuando en nuestro país la esperanza de vida rondaba los treinta años. Su vida profesional alcanzó su plenitud en edad tardía, con cincuenta y tres años; tras la abdicación del rey y la entrada de Napoleón, siguió pintando, había construido un importante patrimonio, pero siguió pintando prácticamente hasta su muerte en Burdeos en 1928. La elaboración de retratos le siguió generando ingresos, relaciones y propósito. En lo que podríamos denominar su «segunda carrera», realizó algunas de sus obras más innovadoras; cuando tenía entre setenta y cuatro y setenta y siete años y hasta tres semanas antes de morir, seguía pintando.

Los estudios sobre la longevidad humana que iniciaron el astrofísico belga Michel Poulain y el gerontólogo italiano Gianni Pes, a partir de la idea de pintar con un rotulador azul en un mapa del mundo las zonas en las que había más habitantes que superaban los cien años de vida, descubrieron que en una zona concreta de Cerdeña se concentraban muchos centenarios en estupendas condiciones.

El resultado de su estudio dio lugar al término «zona azul» y dio la pista al periodista americano Dan Buettner para buscar otras zonas similares en el planeta apoyado por *National Geographic* y la Sociedad de Gerontología de Norteamérica. Así, Buettner identificó cinco zonas (Okinawa en Japón, la península de Nicoya en Costa Rica, la isla de Icaria en Grecia y Loma Linda en California) en las que se daba una alta concentración de centenarios en buenas condiciones de salud. Y no solo eso, trató de estudiar qué podrían tener en común. Este nuevo estudio se publicó en la revista *National Geographic* y concluía que, aunque el factor genético es importante, los hábitos saludables y determinados comportamientos sociales también lo son.

Así, la alimentación sana, el ejercicio, las relaciones sociales y tener un propósito son elementos que deberían estar presentes en estas etapas de la vida.

Pues bien, la actividad, sea retribuida o no, ayuda a «moverse», a mantener relaciones sociales y a tener una razón para levantarse cada día.

Muchas veces los directivos, cansados de las adversidades de la vida ejecutiva (reportes, viajes, política corporativa, malos jefes o dueños, complicaciones permanentes de los equipos, presión por los resultados, etc.), añoran dedicarse mucho tiempo a «no hacer nada» o recuperar actividades lúdicas que en su vida ejecutiva solo hacían puntualmente (viajar, jugar al golf, pasear…). Sin embargo, cuando acontece ese final de vida ejecutiva y se inicia esa «nueva vida», lo cierto es que, en muchas ocasiones, tras un cierto periodo de euforia inicial, se cae en una rutina de dejadez, aislamiento social y de falta de propósito, y en poco tiempo se produce un deterioro físico, psicológico, cognitivo y social que afecta a la salud y a la autoestima.

Hemos tenido muchas conversaciones con directivos que pasaron por ese proceso de «no hacer nada» y en el que se produjo un fuerte deterioro de sus capacidades y de sus activos intangibles, perdiendo estado físico, mostrando un aspecto de dejadez, un lenguaje verbal y no verbal de menor valor, habiendo perdido gran parte de las relaciones sociales o habiendo limitado mucho estas a círculos muy repetitivos y estrechos y con una falta de propósito claro, más allá de cuidar las inversiones patrimoniales, cuidar de los nietos o sacar a pasear al perro.

Está claro que debemos mantener la actividad siempre. Una actividad diferente de la vida ejecutiva, con menos estrés, con menos adversidades, pero una actividad que nos movilice, nos ayude a mantenernos en la comunidad y nos permita sentirnos útiles para la sociedad.

Esta actividad puede ser de dos tipos: lucrativa o no lucrativa, dos tipos que no son incompatibles. La «segunda carrera» es un concepto vinculado a las actividades de naturaleza lucrativa que se pueden desarrollar hasta que el mercado deje de obtener valor en sus aportaciones, entonces es el momento de seguir en actividades no lucrativas, pero no dejar nunca de estar activo.

Las enfermedades más frecuentemente presentes en la última etapa de la vida son el alzhéimer, el párkinson, los ictus, los infartos, la artrosis, la hipertensión, los problemas auditivos y visuales, el cáncer, la fibromialgia y la depresión. La actividad podría jugar un papel importante en el retraso de muchas de estas enfermedades, especialmente las neurológicas. Mantener la actividad es seguir ejercitando nuestro cerebro, así como otros órganos de nuestro cuerpo. Seguramente, la actividad es la mejor manera no solo de vivir más, sino de hacerlo de una manera más plena.

ASPECTOS FINANCIEROS DE LA SEGUNDA CARRERA

Cuando hemos ido desgranando las posibles alternativas de la «segunda carrera» del directivo hemos visto que algunas podrían requerir algún nivel de inversión. En este capítulo veremos fundamentalmente cómo la situación patrimonial del directivo el día que deja de ejercer la función ejecutiva puede condicionar las actividades de «segunda carrera». Y también veremos las expectativas de ingresos en función de la paleta de actividades que realizar.

A la hora de planificar una segunda carrera, uno de los aspectos claves que tener en cuenta es la situación patrimonial del directivo y las rentas ciertas que tendrá, así como la estimación de las posibles rentas requeridas.

Por tanto, la situación patrimonial y financiera condicionarán las alternativas elegidas.

Empecemos diferenciando dos tipos de directivos: los emprendedores que fundaron un proyecto y lo dirigen y aquellos otros que son «directivos por cuenta ajena», es decir, que son profesionales que otros fichan para que lideren sus proyectos. En este capítulo nos centraremos en estos segundos.

Hay muchos tipos de directivos en función del proyecto que han dirigido y posiblemente con situaciones patrimoniales finales muy diferentes entre sí, por lo que es difícil hacer generalizaciones sobre la situación patrimonial y las necesidades de renta en su «segunda carrera», pero en general podemos observar algunas circunstancias que se producen con cierta regularidad.

Muchos directivos son profesionales que han desarrollado una carrera a partir de sus conocimientos y su esfuerzo personal. Esto les ha generado unas rentas superiores a las de otros profesionales que no han dado el salto a la función directiva.

Este nivel de rentas alto les ha permitido mantener un alto nivel de vida y han dedicado dichas rentas recibidas durante tres o cuatro décadas de su vida a su consumo personal familiar o a su ahorro.

En la mayoría de los casos, no han recibido una formación específica en planificación financiera. Incluso muchos directivos de entidades financieras no han realizado dicho ejercicio de planificación.

Las relaciones sociales de los directivos les han posicionado en un colectivo con un alto nivel de consumo, siendo los coches, los deportes y los viajes los grandes hábitos de su consumo.

Esto implica que muchos directivos, a pesar de haber gozado de niveles de renta muy altos, no han generado grandes patrimonios por el elevado nivel de consumo que han disfrutado durante su vida ejecutiva.

Las retribuciones diferidas a través de planes de pensiones de empleo o seguros de vida no son una práctica demasiado extendida entre nuestras empresas, lo que implica que muchos ejecutivos no poseen planes de previsión social empresarial y solo disponen de la pensión pública para su jubilación, junto con aportaciones personales a planes de pensiones gestionados por sus entidades financieras (bancos o compañías de seguros).

Por tanto, una reflexión previa del directivo de cara a su planificación de segunda carrera deberá ser:

¿Cuál es el patrimonio financiero que tengo y qué me permite hacer? Y en segundo lugar: ¿qué nivel de rentas necesitaré obtener con mi actividad profesional en mi segunda carrera para lograr mis objetivos financieros, teniendo en cuenta mis futuras rentas ciertas?

Por ello, en este punto recomendamos hacer un ejercicio riguroso de análisis de nuestros estados financieros. Para realizar este análisis, conviene apoyarse en profesionales expertos en este ejercicio, por ejemplo, los asesores de banca privada.

Una de las primeras conclusiones que podremos sacar de este ejercicio es si estamos en condiciones de poder invertir, ya que algunas de las alternativas de segunda carrera implican la inversión. En este sentido, exponemos tres claros ejemplos que ya hemos ido desgranado en capítulos anteriores.

1. El primero de ellos es el emprendimiento *senior*. Poner en marcha un negocio requiere un cierto grado de inversión y, sobre todo, ser conscientes de que no vamos a poder esperar rentas ni del trabajo, ni por dividendos en un cierto tiempo. Por tanto, esta vía del emprendimiento *senior* es una vía de alto riesgo si no se dispone de un nivel patrimonial holgado. Podemos pensar en apalancarnos y sacar el proyecto con deuda, pero es una alternativa de alto riesgo en una etapa vital en la que deberíamos tener una posición financiera más conservadora.

2. El segundo ejemplo es asumir el rol de *business angel* de otros proyectos. Para ello tenemos que contar con un gran olfato o metodología de inversión. Nuevamente, necesitamos tener una situación patrimonial holgada, ya que el riesgo financiero es alto y las posibilidades de

error también son altas. No obstante, algunos directivos en su segunda carrera apuestan por esta vía para estar ocupados. Sus actividades son acudir a los foros de *business angels*, invertir, seguir las operaciones y, en algún caso, involucrarse en el desarrollo de los proyectos como inversores comprometidos bajo la figura de *senior advisor* o a través de un consejo asesor.

3. El tercer ejemplo es el de los *operating partners* de los *private equity funds*, en los que el fondo pide al profesional que, si realmente cree en el proyecto, invierta en el mismo bien con la aportación de capital o mediante un préstamo que el propio fondo le da. En cualquier caso, es una apuesta por un proyecto que supone un factor de riesgo empresarial.

El segundo análisis es el referido a las rentas requeridas para la segunda carrera. En este punto deberá tener previamente en cuenta las rentas ciertas con las que cuenta, normalmente serán la pensión pública y las rentas derivadas de los planes de pensiones, así como aquellas que le puedan generar otros activos financieros o inmobiliarios de su patrimonio personal.

La mayoría de los directivos tendrán el día que se retiren la máxima pensión pública, establecida en cuarenta y dos mil euros brutos en la actualidad, ya que habrán cotizado en niveles altos durante muchos años. Esto supone aproximadamente tres mil euros brutos al mes.

A dicha pensión, tendrá que sumarle otras rentas ciertas, las derivadas de los planes de pensiones de los dos pilares restantes de nuestro sistema de previsión social. El pilar de la previsión social empresarial, en el caso de que haya disfrutado de dichos planes en sus paquetes retributivos y el pilar de las aportaciones a planes personales. Esta renta será muy distinta de unos casos a otros. Los directivos de algunas grandes empresas y los directivos de empresas multinacionales de sectores como el farmacéutico o el consumo serán los que tengan los planes más atractivos.

En este punto existen dos tipos de planes: los de prestación definida, en el cual la empresa se compromete a dotar un plan para que el directivo tenga un cierto nivel de renta futura, y los de aportación definida, en los que la empresa se compromete a aportar una determinada cuantía, sin asumir la calidad de la gestión y, por consiguiente, la rentabilidad de la inversión.

Hace unos años muchas empresas, especialmente las grandes y las multinacionales, disponían del primer tipo de planes, que garantizaban al directivo un nivel de renta futuro definido. Sin embargo, desde los años noventa del pasado siglo, muchas empresas cambiaron sus modelos de diseño al segundo tipo, siendo menos atractivos para los beneficiarios.

Por tanto, hace unos años los directivos que finalizaban su carrera ejecutiva tenían el resto de su vida garantizada con unos ingresos razonablemente altos, que en muchos casos podrían ser el 70 o el 80 % de su último salario. Eso generaba que no había una necesidad financiera de seguir obteniendo rentas de la actividad profesional tras la salida de la función ejecutiva.

Sin embargo, hoy se producen varios hechos que implican que muchos directivos necesiten seguir teniendo ingresos en su segunda carrera, algunos de los cuales son los siguientes:

- La esperanza de vida ha crecido mucho en el mundo, en Europa y en nuestro país, y se ha situado en los ochenta y tres años de media. En España hoy tenemos más de diecisiete mil personas con más de cien años. Esto implica disponer de un gran patrimonio para garantizar muchos años de vida con un coste de vida razonable.

- La finalización de la función ejecutiva se anticipa en la mayor parte de los casos a la edad de jubilación legal, actualmente de transición entre los sesenta y cinco y los sesenta y siete años. Un significativo número de directivos finalizan su carrera antes de los sesenta años.
- Muchos directivos no tienen planes de previsión social por parte de sus empresas, ofreciéndolos solamente las grandes compañías y las empresas multinacionales, lo que implica que éstos solo contarán con la pensión pública y las rentas derivadas de sus aportaciones personales a planes de pensiones personales.
- Los planes actuales de jubilación ofrecidos por las empresas son menos generosos que los que había en el pasado.
- Existen nuevas realidades sociales que implican altos niveles de gasto para los directivos, es el caso de los segundos matrimonios con hijos pequeños en edades vitales avanzadas y que requieren gastos durante muchos más años.

Todo ello implica que muchos directivos se planteen la segunda carrera como una etapa en la que su fin económico es tener unas rentas que les permitan, al menos, no tener que disponer del patrimonio generado durante su carrera ejecutiva.

Aunque las circunstancias personales pueden ser muy diversas, es muy recomendable iniciar el proceso de planificación de la segunda carrera con un análisis patrimonial del punto de partida y una estimación realista de las necesidades de renta para esta nueva etapa vital.

DEMOGRAFÍA Y SEGUNDA CARRERA

Hay cambios estrepitosos y otros lentos, silenciosos, pero imparables. El envejecimiento europeo y de nuestro país es del segundo tipo. Europa envejece por la confluencia de dos tendencias: el incremento de la esperanza de vida y la reducción de la natalidad en la que nos hemos instalado los europeos y, especialmente, algunos países como el nuestro.

Si observamos las pirámides de la población laboral de los países europeos, vemos claramente cuatro grandes tendencias: un déficit cada vez mayor de efectivos jóvenes, un incremento de residentes y trabajadores no nacidos en el «viejo» continente, la mayor participación de la mujer en el trabajo y, sobre todo, cada día más personas mayores en el mercado laboral (trabajadores *seniors*).

Hay y habrá en el futuro más trabajadores *seniors* por tres razones. Primera, porque cada día la población *senior* es mayor, ya han entrado en las franjas de edad de los *seniors* (mayores de cincuenta y cinco años) los *baby-boomers* europeos. Segunda, porque los *seniors* pueden cubrir la ausencia de jóvenes en el mercado. Y tercera, porque es tremendamente beneficioso alargar las vidas laborales de la población activa y retrasar el momento de integrarse en las listas de beneficiarios de las prestaciones públicas de previsión social, uno de los pilares más importantes del estado de bienestar en Europa.

Hay estudios, como el *II mapa de talento senior*, realizado por los profesores Puyol, Ortega y por mí mismo y publicado en 2022 por el Centro de Investigación Ageingnomics de la Fundación Mapfre, en los que se describe con gran detalle este fenómeno que está teniendo como consecuencia el envejecimiento de la población europea y el alargamiento de las vidas laborales de los trabajadores en nuestro continente, y cuyas conclusiones han inspirado la presente reflexión.

El número de nacimientos en todos los países europeos investigados en dicho estudio (Suecia, Alemania, Polonia, Francia, Italia, Portugal y España) se reducen como consecuencia de una menor fecundidad de las mujeres europeas, la reducción de mujeres jóvenes en edad de procrear y el retardo en la edad a la que se tienen los hijos. Todo ello hace que cada día las maternidades europeas tengan menos actividad. Así, entre los siete países analizados, se perdieron trescientos cincuenta mil nacimientos entre 2008 y 2019.

Por otra parte, la mortalidad ha ido en aumento como consecuencia de la llegada de grandes efectivos a edades avanzadas. Todo ello está generando saldos vegetativos negativos.

Las poblaciones europeas se equilibran gracias a los movimientos migratorios. Sin inmigrantes tendríamos saldos negativos de población.

La población europea está envejeciendo, el 20 % de la población total tiene más de sesenta y cinco años, siendo mayor entre las mujeres por su mayor esperanza de vida. En estos países analizados, los mayores de ochenta años suponen ya entre el 5 y el 7 % del total de la población.

En todos los países analizados, los *seniors* activos (mayores de cincuenta y cinco años que desean seguir trabajando) están aumentando, especialmente las mujeres *seniors*, siendo un colectivo cada vez más relevante en la población activa total de sus países, especialmente en el colectivo que va de los cincuenta y cinco a los cincuenta y nueve años. Cae la actividad *senior* en el colectivo de sesenta a sesenta y cuatro, y ya lo hace de manera muy severa a partir de los sesenta y cinco años.

Una tendencia actual es, por tanto, el alargamiento de la vida laboral en todos los países europeos.

Esta tendencia, en cuanto a actividad, se traslada a los trabajadores ocupados; así, en los últimos años la ocupación *senior* en Europa se ha incrementado, siendo especialmente relevante entre los que tienen entre cincuenta y cinco y cincuenta y nueve años. La ocupación de *seniors* es mayor en hombres que en mujeres, aunque, en el caso de las mujeres *seniors*, el incremento es mayor, lo que está ayudando a reducir la brecha entre sexos.

En general, hay más trabajadores *seniors* trabajando por cuenta ajena que por cuenta propia, aunque, según se avanza en edad, los trabajadores por cuenta propia van ganando terrero. Esto es, lo trabajadores por cuenta ajena salen antes del mercado de trabajo que los trabajadores por cuenta propia.

Sectorialmente, el empleo *senior* en Europa se concentra en las actividades industriales, comercio, administración pública, salud y trabajo social. Sin embargo, se reduce en actividades primarias, construcción y transporte, posiblemente por la mayor exigencia física de estos sectores.

Entre el 70 y el 90 % de los trabajadores *seniors* europeos que están ocupados desarrollan su actividad a tiempo completo, lo cual es paradójico, ya que muchos *seniors* manifiestan que estarían abiertos a extender su vida laboral desarrollando trabajos a tiempo parcial.

El incremento de la población activa *senior* en Europa ha traído como consecuencia también un incremento del «paro *senior*» en casi todos los países, excepto en Alemania y Polonia. En España e Italia tenemos el mayor índice de desempleo europeo.

El paro *senior* es más acusado en el caso de las mujeres. España es el peor país en cuanto a paro femenino *senior*.

Las tasas de desempleo *senior* en Europa tienen una fuerte correlación con el nivel de sus estudios, siendo más altas en el caso de los trabajadores *seniors* con menor nivel educativo.

En los países del sur de Europa (Portugal, Italia, España e incluso Francia), los *seniors* tardan más en salir del desempleo, mientras que en los países del norte (Suecia, Alemania y Polonia) encuentran trabajo en menos de un año.

Respecto al trabajo por cuenta propia *senior*, podemos afirmar que, en todos los países europeos, va ganando terreno en función de la edad. Esto es, a partir de los cincuenta y cinco años, el trabajo por cuenta propia gana peso sobre el total del empleo, siendo un gran refugio para aquellos trabajadores que quieren seguir activos y ocupados.

Los trabajadores por cuenta propia con trabajadores a su cargo se retiran más tarde del mercado laboral europeo, siendo España el país en el que los mayores de sesenta y cinco años con empleados se retiran más tarde.

La tasa de emprendimiento de los *seniors* es menor que la de otros tramos de edad. España muestra la tasa de emprendimiento más alta, aunque en cualquier caso es menor que en otros tramos de edad. Podríamos afirmar que nuestros *seniors* son los europeos más abiertos a emprender.

El envejecimiento de la población es posiblemente uno de los principales retos para la «vieja» Europa. Al ser el primer continente que afronta este fenómeno, tendremos que innovar, no podemos esperar, como en otras materias, a que otros inventen y nosotros copiar las mejores soluciones.

Tendremos que cambiar el paradigma de que el trabajo es para los jóvenes y que los mayores tienen niveles de desempeño más pobres.

Los países del norte de nuestro continente ya están desarrollando prácticas orientadas a alargar la vida laboral de todos los trabajadores y los países del sur del continente tenemos que aprender de ellos.

La salida temprana del mercado de trabajo deberá reducirse y se deberán introducir mecanismos de no discriminación laboral por razón de edad hasta alcanzar las edades legales de acceso a la jubilación. Igualmente, se deberá premiar la extensión de la vida laboral tanto de los trabajadores por cuenta ajena como por cuenta propia. La extensión de la vida laboral será un mecanismo para paliar la brecha de jóvenes que ha producido la tremenda caída de natalidad sufrida en Europa y, por consiguiente, la menor llegada de jóvenes al mercado de trabajo.

En el caso de los directivos, que ocupan el nivel más alto de las posiciones de una empresa, suelen finalizar sus carreras profesionales antes de la edad legal de jubilación y son pocos los directivos que finalizan su carrera ejecutiva con más de sesenta y cinco años, muchos lo hacen incluso con menos de cincuenta y cinco.

La salida temprana de la actividad es, por tanto, no solo mala para la persona, sino que también es un problema social, ya que deja de ser un generador de riqueza y, por consiguiente, un generador de impuestos y contribuyente responsable de los sistemas de protección, convirtiéndose en un receptor de dichas prestaciones.

Así pues, seguir activo mediante la elección voluntaria de hacer una «segunda carrera» es un acto de responsabilidad social individual y permite contribuir a la sostenibilidad del estado de bienestar.

Estamos lejos de que la sociedad castigue socialmente a aquellos que abandonan tempranamente la actividad y premie a aquellos otros que voluntariamente deciden extender su actividad, en la mayor parte de los casos mediante la fórmula de hacerlo por cuenta propia, pero iremos viendo en el tiempo, según madure la sociedad, un cambio en el sistema de premios y castigos de estos comportamientos.

Desde luego, la segunda carrera es un acto beneficioso para la persona en términos de bienestar, pero también es un acto de generosidad y responsabilidad. Y eso que venimos de un modelo en que se «celebraba» esa salida temprana de la actividad. Todos recordaremos las felicitaciones que recibían los profesionales y directivos que accedían a los planes de prejubilación. Todo el mundo los felicitaba. Era una fiesta compartida entre la empresa que se quitaba «grasa obsoleta», el profesional e incluso los sindicatos, que vendían el logro de determinadas condiciones para facilitar esas salidas. Las empresas tenían reservas para hacerlo y todos contentos. Sin embargo, nadie cuantificó el coste social de estas medidas que nos han llevado a tener más del 50 % de la población mayor de sesenta años en la inactividad.

Estos deberán ser temas claves de debate social, pero también empresarial y las políticas relacionadas con el alargamiento de la vida laboral deberán estar en la agenda de nuestros gobernantes y de nuestros líderes empresariales europeos y, especialmente, los de nuestro país.

PLANIFICANDO LA
SEGUNDA CARRERA

La segunda carrera del directivo, como etapa vital crítica tras la finalización de la última posición ejecutiva, debe planificarse adecuadamente por el directivo por múltiples razones:

- Porque puede empezar a hacer actividades desde la posición ejecutiva que le pueden ayudar a esa nueva etapa vital.
- Porque, si no se planifica cuando se produzca el tránsito, es posible que pierda un tiempo precioso hasta que la diseñe y la construya.
- Porque, en muchas ocasiones, se gastan esfuerzos inútiles en tratar de conseguir una última posición ejecutiva que, por razones de edad, será difícil que aparezca.
- Porque planificar la segunda carrera, conociendo las opciones y oportunidades, reduce las ansiedades que un directivo puede tener en sus últimos años de vida ejecutiva, cuando sabe que en el caso de finalizar su última posición ya no tendrá otras opciones fáciles.
- Porque le hará consciente de sus activos actuales y podrá aprovechar sus últimos años de vida ejecutiva para reforzar aquellos activos menos desarrollados y más valorados por el mercado.

La planificación de la segunda carrera requiere aplicar un cierto rigor metodológico para asegurar que es efectiva. Las etapas de esta planificación serían:

1.ª Autodiagnóstico de los activos tangibles e intangibles.
2.ª Conocimiento de las opciones de segunda carrera.
3.ª Valoración de alternativas y elección de aquellas más adecuadas para cada directivo.
4.ª Planificación detallada de acciones.

El punto de partida deberá ser un autodiagnóstico de los activos que posee el directivo *senior*, separando aquellos que son inherentes al puesto de los que puede aportar como profesional. Debe ser un autodiagnóstico sincero y genuino. No se trata de engañar a nadie, se trata de conocerse mejor. Para este diagnóstico se puede apoyar en herramientas de evaluación que haya utilizado recientemente en su empresa actual, pero también se puede hacer tras un ejercicio introspectivo en el que valore:

1. Los conocimientos «diferenciales». Durante toda su carrera profesional y directiva habrá ido acumulando muchos conocimientos, pero seguramente serán menos los que tendrán una puntuación sobresaliente. Esos serán los conocimientos que podrá poner a disposición de diversos proyectos en su segunda carrera y que tendrá que comunicar adecuadamente en su relato ante el mercado.

2. Las experiencias que ha tenido. Cada directivo, en función de los proyectos que ha realizado, tiene en el balance de su vida profesional y directiva unas experiencias. Algunos habrán comprado sociedades, otros habrán vendido, otros habrán hecho carreras

internacionales en determinados mercados, otros tendrán experiencia de reestructuración de empresas, unos sabrán gestionar *startups, scaleups* o empresas familiares, o grandes corporaciones, o habrán trabajado en algún momento en entornos públicos. En definitiva, cada directivo tiene una serie de experiencias que forman parte de sus activos y que también deberá poner en valor ante el mercado.

3. Su marca personal. Cada directivo tiene una marca personal. Y la marca tiene dos características: la notoriedad, cuántos reconocen a dicho directivo, aunque sea por referencias y no personalmente; y la reputación, con qué valores se asocia al directivo en función de su actuación con los diferentes *stakeholders* con los que se ha relacionado en toda su carrera. En esta etapa de la vida será difícil cambiar la marca, cada uno tendrá la que haya conseguido hasta ese momento, pero en este ejercicio sincero de autodiagnóstico tendrá que valorar cómo es su marca en esas dos variables: notoriedad y reputación.

4. Las relaciones que posee. Un directivo a lo largo de su carrera se va a relacionar con muchas personas, clientes, proveedores, empleados, accionistas, órganos de gobierno, aliados, prescriptores, etc. A primera vista, puede pensar que su patrimonio relacional es muy extenso, pero debe saber que muchas de estas relaciones las tiene en función de la posición ejecutiva que ocupa, pero que, una vez que la deje, la mayoría las perderá. Por ello debe listar las «relaciones de calidad» que cree que posee, es decir, aquellas relaciones que estima que podrá contar con ellas el día después. Hay herramientas de evaluación de la calidad de la relación en función del canal que se utilice para comunicarse

con dicho contacto (correo electrónico, secretaria, teléfono, redes sociales, móvil, WhatsApp…) e incluso en qué momento del tiempo se puede comunicar con dicho contacto, siendo lo más valioso cuando se puede llamar en fin de semana porque se tiene la confianza suficiente. Es importante en este punto hacer un análisis aséptico y sincero de las relaciones de calidad y, a pesar de ello, ¡se llevará decepciones el día después!

Otro elemento importante del diagnóstico financiero y patrimonial es ser consciente del patrimonio actual, hacer una previsión de evolución hasta el momento de salida de la función directiva y hacer una estimación de los ingresos ciertos que poseerá (como la pensión pública o el rescate de los planes de pensiones), así como de los gastos estimados que necesitará en el resto de su vida. Y con ello obtendrá dos datos importantes para los siguientes pasos de la planificación de su segunda carrera:

– Si puede poner en riesgo o no una parte de su patrimonio en proyectos empresariales como emprendedor *senior* o como inversor en proyectos con los que colaborar como *business angel.*
– Los niveles de ingreso complementario que necesitará para mantener el nivel de gasto estimado sin deteriorar su patrimonio, en términos tanto de volumen como de certidumbre de dichos ingresos derivados de sus actividades de segunda carrera.

Una vez hecho el autodiagnóstico de los activos tangibles e intangibles de lo que es como profesional y de lo que ha conseguido en términos patrimoniales en sus años de carrera profesional y directiva, estará en condiciones de pasar a la siguiente etapa. La del conocimiento detallado de todas las alternativas que se le plantean en esa segunda carrera.

La ventaja de estas actividades profesionales es que puede combinarlas, no hay un principio de exclusividad y puede hacer varias actividades en paralelo. Lo que podríamos denominar «organizar una paleta de actividades de segunda carrera».

Aquí se abren un montón de actividades, cada una con sus características, sus ventajas e inconvenientes, pero todas ellas oportunidades de extender la actividad durante unos años más.

Nuestra experiencia nos dice que los directivos no conocen en detalle todas las opciones, ni sus características, y que suelen acercarse a ellas tras su salida de la función ejecutiva, lo que implica dedicar un tiempo precioso a ese aprendizaje, tiempo en el que se empiezan a deteriorar sus activos.

La siguiente etapa del enfoque metodológico propuesto es la de valoración y elección de aquellas alternativas más adecuadas con sus circunstancias.

Para ello, deberá tener en cuenta tres aspectos:

1. La situación patrimonial y las necesidades financieras futuras definidas en la autoevaluación. Esto abrirá y cerrará puertas y opciones.
2. El tiempo que quiere dedicar a las actividades de segunda carrera. Es un factor motivacional y, por tanto, encontraremos respuestas muy variadas, desde directivos que no les importa una muy alta dedicación, pero sin responsabilidades ejecutivas, sin «pasivos» de la función directiva (equipos, política corporativa, relaciones con jefes o con los órganos de gobierno, logro

de objetivos...), hasta aquellos otros que quieren «hacer algo» pero sin grandes dedicaciones.

3. El riesgo legal que se quiere asumir en esta nueva etapa. También en esta variable hay grandes diferencias entre unos profesionales y otros; algunos desean, por ejemplo, ser consejeros en esta segunda carrera, y lo desean por encima de todo, es su sueño. Por el contrario, hay otros que no quieren asumir un riesgo legal y reputacional que le pueda dar al traste con su patrimonio, su reputación y con su libertad.

Respecto al tiempo dedicado a las actividades de segunda carrera, nuestra experiencia nos enseña que en muchas ocasiones el directivo inicia su actividad siendo exigente con los proyectos y las actividades y, poco a poco, se va complicando y va asumiendo nuevos proyectos hasta que prácticamente tiene agendas similares de su vida ejecutiva.

También los datos nos muestran que la segunda carrera tiene un momento en el que se empieza a «limpiar la paleta de actividades» para ir dejando aquellas que más valor emocional o económico reporta al profesional, y muchas veces se produce una fuerte reducción de actividad a partir de la edad legal de jubilación, siendo menos los directivos que la extienden bajo la fórmula de la «jubilación activa».

Estas tres variables nos ayudarán a configurar nuestra «paleta objetivo» y, a partir de ese momento, empezará la siguiente etapa: la de la elaboración del plan de acción para lograrlo y que dependerá de las actividades elegidas.

En esta etapa de planificación es importante listar todas las tareas de todo tipo que tiene que empezar a hacer desde ya para lograr que su plan se convierta en realidad.

Algunos trucos para este plan son:

1. Dar una gran prioridad a las relaciones de calidad de aquellos que pueden ofrecer proyectos atractivos de segunda carrera.
2. Fijarse unos puntos de control sobre la evolución del plan y ser sistemático y disciplinado en su seguimiento.
3. Formarse si las actividades de la paleta objetivo lo requieren.
4. Orientar el currículum y su perfil comunicacional hacia ese objetivo.
5. No entusiasmarse en exceso con su proyecto de segunda carrera, este nunca debe poner en riesgo la extensión de la función ejecutiva.

El tener una planificación rigurosa de la segunda carrera directiva proporcionará una serie de ventajas muy claras al directivo. Una de ellas es que le dará una tranquilidad respecto al futuro.

A las personas les satisface tener control sobre el medio. Tener capacidad de predicción y, cuando hay incertidumbre, perdemos esa sensación de control. En muchas ocasiones, los directivos *seniors* pueden tener conversaciones interiores que les generen cierta inquietud en esta etapa de la vida.

¿Qué pasa si ahora me despiden y ya nadie me va a contratar? ¿Cómo quedaré financieramente el día de mañana? ¿Qué haré, qué podré hacer, qué opciones tendría? Planificar la segunda carrera implica dar respuesta a estas preguntas y ello generará tranquilidad y sensación de control, y eso, paradójicamente, redundará en un mejor desempeño en su actual proyecto directivo.

Finalmente, hay que comentar que hay firmas que pueden ofrecer servicios de apoyo en este proceso. Así, el servicio de *mentoring* de segunda carrera es un servicio de ayuda al directivo en todo este proceso de planificación, un servicio que permite dotar de rigor y profesionalidad a su análisis, su elección de «paleta objetivo» y la concreción en un plan detallado y que los directivos que lo han utilizado valoran enormemente. Es contar, en definitiva, con un especialista que hace de frontón en todas las etapas.

Igualmente, muchos bancos privados pueden ayudar al directivo en la elaboración de su diagnóstico financiero y patrimonial como punto de partida, lo cual le dará una información tremendamente útil sobre la oportunidad real de inversión y las necesidades de rentas extraordinarias en esta nueva etapa.

Estos servicios serán de gran ayuda y le hará sentir que no está solo en este proceso de reflexión para diseñar su plan personal de segunda carrera.

CONCLUSIONES

Algunas ideas finales como conclusión serían:

1. Es deseable extender la vida ejecutiva todo lo que se pueda. A pesar de que tiene algunos inconvenientes, el balance económico, de dedicación y de responsabilidades penales es bastante positivo.
2. Además, en las posiciones ejecutivas el directivo alimenta todos sus activos, tanto financieros como no financieros (conocimientos, experiencia, marca personal y relaciones).
3. Es importante que durante toda la carrera profesional y directiva se haga un balance razonable entre consumo y ahorro, lo que permitirá al directivo determinadas opciones de cara a su segunda carrera y le permitirá llegar a ella sin condicionantes.
4. Los directivos *seniors* deberían hacer una planificación de su segunda carrera para eliminar incertidumbres, y les permitirá tener más foco en su trabajo actual como directivos.
5. La planificación de la segunda carrera deberá ser hecha con rigor y sin engaños, partiendo de un autodiagnóstico serio y finalizando con un plan detallado.
6. Para esta tarea podrá apoyarse en profesionales cualificados como mentores de segunda carrera o profesionales de banca privada para los aspectos financieros y patrimoniales.

7. El plan deberá implementarlo desde su posición actual y las tareas dependerán de la «paleta objetivo» de actividades en función de su situación financiera y patrimonial, la dedicación estimada y el riesgo legal que se está dispuesto a asumir.

8. Si la salida de la posición ejecutiva se hace con más de cincuenta y cinco años, no se debería tener demasiadas esperanzas en encontrar un nuevo proyecto ejecutivo en nuestro país. Y si se produce entre los cincuenta y los cincuenta y cinco años, podrá intentarlo durante un cierto plazo de tiempo.

9. Tras la finalización de la carrera ejecutiva, no se debe perder tiempo ya que los activos se empiezan a deteriorar inmediatamente.

10. Es aconsejable que todos los directivos planifiquen y desarrollen una segunda carrera, con mayor o menor dedicación. La actividad produce efectos beneficiosos sobre la salud y el bienestar pues aporta ejercicio, relaciones sociales y «propósito vital».

11. En los primeros proyectos de las actividades de segunda carrera se debe ser menos exigente y luego habrá opciones de mejorar la paleta de actividades.

12. Cuando llegue un momento en el que las actividades de segunda carrera no compensen, es el momento de pasar a un estado de actividades no lucrativas, pero que permiten mantener la sensación de utilidad, y estas actividades deberían extenderse durante todo el tiempo en que la salud nos lo permita.

EPÍLOGO DE MARC PAGEZY

Chief Executive Officer de Exec Avenue

Es un honor y un privilegio expresar mis sinceras felicitaciones y profundo agradecimiento a Alfonso Jiménez por su extraordinario aporte a la literatura empresarial con este libro titulado *La Segunda Carrera*. En estas páginas, nos brinda un magistral compendio de conocimiento, reflexión y orientación para aquellos que se encuentran en la encrucijada de la reinvención profesional.

El prólogo de Ramón Adell marca el comienzo de un fascinante viaje hacia la comprensión y exploración de la segunda carrera directiva. Desde la introducción nos sumergimos en un profundo análisis de lo que realmente implica esta fase de transición en la vida profesional de un ejecutivo.

El índice del libro refleja la amplitud y profundidad de los temas abordados por Alfonso Jiménez. Desde la transformación de ejecutivo a consejero, hasta las oportunidades de colaboración en el ecosistema de fondos, cada capítulo ofrece una visión clara y práctica de los diversos caminos que los profesionales pueden emprender en su segunda carrera.

El autor nos guía a través de las diferentes facetas de esta etapa de reinvención, explorando la posibilidad de convertirse en miembro de un consejo asesor, profundizando en los roles de *Senior Advisor* y de *Interim Manager* en el mundo empresarial actual, y examinando de cerca el emprendimiento senior y las actividades académicas como alternativas valiosas en esta nueva fase profesional.

Nos sumerge, también, en el mundo de las asociaciones y fundaciones, destacando el potencial de contribución y crecimiento personal que estas organizaciones ofrecen a los ejecutivos en su segunda carrera. La figura del gurú, el *influencer*, emerge como una oportunidad para compartir conocimientos y experiencias de manera significativa y enriquecedora.

Continuando y buscando la aplicación práctica de lo que este libro nos cuenta, Alfonso ha contribuido, dentro de un equipo internacional de nuestra firma, al desarrollado de nuestra metodología «*Mentoring* de Segunda Carrera», que brinda una orientación personal interesante a profesionales en este camino de exploración y avance, que ya está ayudando a muchos en el período de transición de salida de la vida ejecutiva.

No menos importantes son las reflexiones sobre la salud, el bienestar y los aspectos financieros en la segunda carrera, así como el análisis demográfico y las consideraciones clave en la planificación de esta fase crucial en la vida profesional.

Cada capítulo está impregnado de la sabiduría y la experiencia acumulada del autor, cuyo enfoque práctico y profundo entendimiento del mundo empresarial ofrecen una orientación invaluable a aquellos que buscan trascender las limitaciones de su primera carrera.

La obra no solo proporciona conocimientos, sino que también ofrece una perspectiva fresca y visionaria sobre la reinvención profesional. Su capacidad para anticipar tendencias y desafiar convenciones establecidas, lo convierte en una referencia en el campo del desarrollo ejecutivo. Su visión resonará no solo en las mentes de los lectores, sino que también iluminará el camino de aquellos que buscan trascender las limitaciones de su primera carrera.

Al cerrar estas páginas, nos queda una sensación de claridad y empoderamiento. Las conclusiones nos invitan a reflexionar sobre nuestro propio camino y trazar un curso de acción para abrazar la segunda carrera con confianza y determinación.

En nombre de todos los lectores y la comunidad empresarial en general, quiero expresar mi sincero agradecimiento a Alfonso Jiménez por su dedicación, generosidad y compromiso con el desarrollo profesional de ejecutivos en todo el mundo. Su libro, *La Segunda Carrera*, no solo es una fuente de conocimiento, sino también un faro de inspiración y orientación para aquellos que buscan alcanzar nuevos objetivos y desafíos en sus vidas profesionales.

Esta obra no solo será relevante a nivel nacional, sino que también servirá como inspiración a nivel internacional. Los principios y perspectivas compartidos por el autor resonarán con ejecutivos y profesionales de todo el mundo, ofreciendo una orientación valiosa y una fuente de motivación para aquellos que enfrentan transformación y reinvención en sus carreras. Su impacto trascenderá fronteras, contribuyendo al desarrollo y crecimiento profesional a escala global.

Que este libro sea el comienzo de un viaje transformador hacia una segunda carrera llena de significado, logros y realización personal. Felicidades, Alfonso, por esta obra excepcional que sin duda dejará una huella indeleble en el mundo empresarial y en la vida de aquellos privilegiados de leerla.

FUENTES DOCUMENTALES

Adler, L. (2022). *La viajera de noche.* Ariel.

Alonso Puig, M. (2010). *Reinventarse: Tu segunda oportunidad.* Plataforma Editorial.

Arce, E., y Betés, F. (2008). *El mayor activo.* Almuzara.

Bolles, R. N. & Brooks, K. (2020). *What Color Is Your Parachute? 2021: Your Guide to a Lifetime of Meaningful Work and Career Success.* Ten Speed Press.

Borraz, S. (2021). «Escenarios de evolución del gasto sanitario e impacto esperado de la pandemia en el medio plazo». *Cuadernos de Información Económica* (núm. 281). Funcas.

Buettner, D. (2005). «The Secret of Living Longer». *National Geografic Magazine.*

Collamer, N. (2013). *Second-Act Careers: 50+ Ways to Profit from Your Passions During Semi-Retirement.* Ten Speed Press.

Comisión Nacional del Mercado de Valores (2020). *Código de buen gobierno de las sociedades cotizadas.* CNMV.

Freedman, M. (2008). *Encore: Finding Work that Matters in the Second Half of Life.* PublicAffairs.

Fuster, V., y Corbella, J. (2018). *La ciencia de la larga vida.* Planeta.

Gratton, L., y Scott, A. (2018). *La vida de 100 años: Vivir y trabajar en la era de la longevidad.* Lettera Publicaciones.

Hoffman, A. (2018). *Purpose & Impact: How Executives are Creating Meaningful Second Careers.* Greenleaf.

Jiménez, A. (2017). «Envejecimiento y competitividad». *La Razón.*

Jiménez, A. (2018). «La empresa ante el reto del envejecimiento». *Boletín CEDE.*

Jiménez, A. (2019). «El envejecimiento: El tsunami que nos viene». *Ejecutivos*.

Jiménez, A. (2021). «En busca de talento femenino para los consejos de administración». *El Economista*.

Jiménez, A., et al. (2021). *El concejo asesor: Un instrumento de crecimiento y competitividad*. Exec Avenue.

Jiménez, A., et al. (2022). *Los consejos asesores en España*. Exec Avenue.

Jiménez A., et al. (2023). *Senior Advisor: The Value of Experience*. Exec Avenue.

Kawasaki, G. (2016). *El arte de empezar 2.0: La guía definitiva para empezar cualquier negocio en un mundo 2.0*. Deusto.

Kiyosaki, R. T. (2015). *Segunda Oportunidad: Para tu dinero, tu vida y nuestro mundo*. Aguilar

Lawrence-Lightfoot, S. (2009). *The Third Chapter: Passion, Risk, and Adventure in the 25 Years After 50*. Sarah Crichton Books

Leider, R. J. & Webber, A. M. (2013). Life Reimagined: Discovering Your New Life Possibilities. Berrett-Koehler Publishers.

Levitin, D. J. (2020). *Successful Aging*. Dutton.

Matarranz, A., y Arce, E. (2024). *El factor edad: Cómo la convivencia intergeneracional puede mejorar las empresas y la sociedad*. Almuzara.

Pimentel, M. (2023). «La segunda carrera del ejecutivo». *The Objetive*.

Poulain, M., Pes, G. M., *et al.* (2004). «Identification of a Geographic Area Characterized by Extreme Longevity in the Sardinia Island: The AKEA». *Journal of Experimental Gerontology*.

Puyol, R., Jiménez, A., y Ortega, I. (2021). *Mapa talento sénior 2021*. Centro de Investigación Ageingnomics de la Fundación Mapfre.

Puyol, R., Jiménez, A., y Ortega, I. (2021). «Cómo aprovechar el talento sénior en España». *The Conversation*.

Puyol, R., Jiménez, A., y Ortega, I. (2021). «El trabajo *silver*». *El Mundo*.

Puyol, R., Jiménez, A., y Ortega, I. (2022). *II mapa talento sénior 2022*. Centro de Investigación Ageingnomics de la Fundación Mapfre.

Puyol, R., Jiménez, A., y Ortega, I. (2022). «El sénior español es más emprendedor que sus colegas europeos (pero trabaja menos)». *The Conversation*.

Puyol, R., Jiménez, A., y Ortega, I. (2023). *III mapa talento sénior 2023*. Centro de Investigación Ageingnomics de la Fundación Mapfre.

Puyol, R., Jiménez, A., y Ortega, I. (2023). «Así pueden convivir los *seniors* y los jóvenes en el mercado laboral». *The Conversation*.

Puyol, R., *et al.* (2019). *Los trabajadores* seniors *en las empresas europeas*. Editorial Instituto de Empresa.

Puyol, R., *et al.* (2018). *Los trabajadores* seniors *en la empresa española: Realidades y retos*. Editorial Instituto de Empresa.

Sarandeses, R, & Alemany, J. (2024) *La carrera infinita*. Plataforma.

VV. AA. (2021). *Global Report on Ageism*. World Health Organization.

AGRADECIMIENTOS

Tras una obra hay un trabajo coral en el que directa o indirectamente han colaborado muchas personas. El autor es el compilador del conocimiento compartido. Y en esta obra son muchas las personas que, de una manera u otra, me han ayudado a producirla. A todos ellos les debo mi agradecimiento.

En primer lugar, quiero agradecer a mi buen amigo Manuel Pimentel por haber confiado en la utilidad y el impacto de esta obra con su apoyo editorial.

A Mar Pagezy, Jean-Michel Jamet y a Salvador Torres les debo el haberme dado una preciosa oportunidad de «segunda carrera» liderando la práctica de Board Services en Exec Avenue y haberme enseñado un oficio tardío en mi carrera como es el de *headhunter*. Un oficio que, además, se centra en las personas y su encaje en los proyectos empresariales.

Mi socia Cristina Villa se ha leído y releído la mayor parte de los contenidos y me ha dado un montón de sugerencias que, por supuesto, he aceptado gustoso. Igualmente, muchas gracias a Mª José Saura y Angela Zorzetto con las que compartimos la extraordinaria aventura de Exec Avenue en nuestra comunidad de negocios.

Desde noviembre de 2020 hasta diciembre de 2023 he tenido la oportunidad de entrevistar a muchos directivos que han asumido roles descritos en la obra, especialmente en los trabajos de campo sobre las figuras de los consejos asesores y *senior advisors*. Ellos me han inspirado y muchas de sus ideas se podrán entrever en la obra. Algunos de ellos son: Francisco Abad, Silverio Agea Rodríguez, Isabel Aguilera, Mar Alarcón, Hilario Albarracín, Luis Álvarez Satorre, Javier Amo, Antonio Anguita, Maite Aranzábal, Juan Arena, Enrique Arias, César Arranz Soler, Mario Armero, Mónica Bachiller, Ángel Barbero, César Bardají, Iñaki Basterreche, Carlos Beldarrain, Francisco Belil, José María Beneyto, Amalia Blanco Lucas, José Boada Bravo, Ana Bolado, José Luis Bolaños, Xavier Brossa, Jaime Bustillo, Miguel Canalejo, Macarena Cassinello, Albert Collado, Manuel Conthe, Pedro Cordero Pérez, Bill Derrenger, Jorge Domínguez-Sol, José F. Estévez, Ignacio Eyries García de Vinuesa, Emma Fernández, Eva Fernández Góngora, Socorro Fernández Larrea, Antonio Fernández-Galiano, Federico Flórez, Enrique Francia Romero, Antonio Garamendi, Celestino García, Susana García, Ana García Fau, Rosa García Piñeiro, Isabel García Tejerina, Juan Gascón Cánovas, Elena Gil, María Eugenia Girón Dávila, Valeriano Gómez, Mamen Gómez de Barreda, Elena Gómez del Pozuelo, Manuel González Cid, Laura González-Molero, Javier Guijarro Zarceño, Helena Herrero, Juan Hormaechea, Miguel Iraburu Elizondo, Jaime de Jaráiz, Marisa Jordá Castro, José María Jordá Poyatos, Inés Juste Bellosillo, Miguel Labin, Mario Lara, Rafael de Lecea, María Lizarraga Lacalle, Jesús López Calvo, Jesús López Zaballos, Carmen López-Suevos, Fernando Lucero, Iván Martén, Manuel Martín, Carlos Martín-Merino, Eduardo Martínez, Isabel Martínez Torre-Enciso, Cristina Mendía Azpiroz, Jonás de Miguel, Blanca Montero Corominas, Eduardo Montes, Emilio Moraleda, Juan Pedro Moreno Jubrías, Vicente Moreno, Pedro Navarro, Juan María Nin, Jesús Nuño de la Rosa, Aldo Olcese, Xavier Orriols, María Antonia Otero, Ana Palencia Novás, Carmen Panadero, José

Manuel Pérez Ariza, Mariola Pina, Elena Pisonero, Alejandro Pociña, Bernardo Quinn, Susana Quintás, Adolfo Ramírez Morales, Javier Rodríguez Zapatero, Fernando Roses, Iría Sáenz-Díez, José Luis Sainz Díaz, Íñigo Sagardoy, Olga San Jacinto, Enrique Sánchez del Villar, Rosa María Sanz García, María Segimón, Víctor Serrán-Pagán Fuentes, Jordi Sevilla, Dulce Subirats, Sergio Talarewitz, Luis Tamames, Julia Téllez, Alberto Terol Esteban, Enrique Titos, Montserrat Trapé, Muriel Uzán, Javier Vega de Seoane Azpilicueta y John de Zulueta.

Otros profesionales que para mí han sido fuente de inspiración y a los que quiero agradecer su ayuda y ejemplo son: Juan Alcaraz, Fátima Báñez, Nuria Chinchilla, Gema Díaz Real, Juan Fernández Palacios, Juan Carlos Gallego, Xavier Gangonells, Jaime García-Legaz, Pau Herrera, Vanessa Izquierdo, Pilar Jericó, Pilar Laguna, Pedro León y Francia, Teresa Lozano, Elena Martínez, Marta Martínez, Simón Menéndez, Mónica Monllor, Macarena Morales, José Morejón, Juan José Nieto, Iñaki Ortega, Adolfo Pellicer, Mercedes de Prada, Rafael Puyol, José Luis Romero, Pilar Rojo, Ana Sánchez, Enrique Sánchez de León, Loreto Sanmartín, Santiago Sesto, Asunción Soriano, Jesús Torres, Eva Turanzo, Carmen Vázquez de Castro y Nuria Vilanova.

Y, cómo no, mi agradecimiento especial a Federico Fernández de Santos, editor de la revista *Executive Excellence*, que me facilitó su medio para compartir en primicia nuestras ideas sobre «la segunda carrera del directivo» y que me ayudó a sentar los cimientos de esta obra.